Oldenbourg
Textnavigator für Sch

Oldenbourg
Textnavigator für Schüler

Herausgegeben von
Dieter Wrobel

Friedrich Schiller

Kabale und Liebe

Inhaltsangabe, Analyse des Textes
und Abiturvorbereitung

Verfasst von Marc Eigendorf

Oldenbourg

Die Versangaben in Klammern beziehen sich auf folgende Ausgabe: Friedrich Schiller, Kabale und Liebe. Oldenbourg Textausgaben, München: Oldenbourg Schulbuchverlag 2008

Bibliografische Information der Deutschen Nationalbibliothek: Die Deutsche Nationalbibliothek verzeichnet diese Publikation in der Deutschen Nationalbibliografie; detaillierte bibliografische Daten sind im Internet über http://dnb.ddb.de abrufbar.

Das Papier ist aus chlorfrei gebleichtem Zellstoff hergestellt, ist säurefrei und recyclingfähig.

1. Auflage 2008
Druck 12 11 10 09 08
Die letzte Zahl bezeichnet das Jahr des Drucks.

Umschlagkonzept und -bild: Erasmi + Stein, München
Layoutentwurf: Almut Jegodtka
Lektorat: Ruth Bornefeld
Herstellung: Ulrike Seeliger
Satz: fidus Publikations-Service, Augsburg
Gesamtherstellung: Himmer AG, Augsburg

ISBN 978-3-486-**00608**-7
ISBN 978-3-637-**00608**-9 (ab 1.1.2009)

150 Jahre
Wissen für die Zukunft
Oldenbourg Verlag

Inhaltsverzeichnis

Zitate von Friedrich Schiller

Was ist der langen Rede kurzer Sinn?
(PICCOLOMINI, I, 2)

Raum ist in der kleinsten Hütte.
(DER JÜNGLING AM BACHE)

Durch diese hohle Gasse muß er kommen.
(WILHELM TELL, III, 1)

Dem Mann kann geholfen werden.
(DIE RÄUBER, IV, 2)

Auf den Brettern, die die Welt bedeuten.
(AN DIE FREUNDE)

1 Der Autor Friedrich Schiller

Er ist seit mehr als 200 Jahren tot. Und trotzdem: Im Jahr 2005, als der zweihundertste Todestag des „Weimarer Klassikers", der zu Lebzeiten keinen Geringeren als Johann Wolfgang Goethe zu seinen Freunden und Förderern zählen konnte, wurde aufwändig gefeiert. Von der Schiller-Biografie über das Schiller-Rätsel bis zum Schiller-Comic war alles vertreten, was den Geschmack des Publikums treffen könnte. Schiller ist einer der größten Schriftsteller der deutschen Literatur.

* 10.11.1759 in Marbach
† 9.5.1805 in Weimar

1759 als Sohn eines Arztes im südwestdeutschen Marbach geboren und streng religiös erzogen, wurde er 1773 auf Befehl des württembergischen Herzogs Karl Eugen in der erst zwei Jahre alten „Hohen Karlsschule" angemeldet – aus heutiger Sicht könnte sie auch als Eliteschule bezeichnet werden. Schillers Ausbildung war von militärischem Drill und streng überwachter Abgeschlossenheit der Schüler, aber auch durch eine vielfältige, nur wenigen jungen Menschen zuteilwerdende Ausbildung geprägt. Schiller begann – auch aus Geldnot – zu schreiben und veröffentlichte 1782, mit 23 Jahren, sein erstes Drama DIE RÄUBER. Zu dessen Uraufführung reiste er heimlich, was ihm Ärger mit dem Herzog und ein Schreibverbot einbrachte.

Derart eingeengt floh er im September 1782 mit einem Freund von Stuttgart nach Mannheim und musste sich zunächst versteckt halten, da der württembergische Herzog nach ihm fahnden ließ.

KABALE UND LIEBE – Schiller veröffentlichte sein drittes Drama mit gerade einmal 25 Jahren!

Zwei Jahre nach seiner Flucht veröffentlichte er KABALE UND LIEBE. 1787 traf Schiller die Entscheidung, nach Weimar zu gehen, wo er auch Goethe kennenlernte und sich zu unterschiedlichsten Projekten motivieren ließ.

Schiller beließ es nicht nur bei Unterhaltungsliteratur für die Öffentlichkeit: Er schrieb für eine Literaturzeitung und lehrte ab 1789 als Professor für Geschichte an der Universität in Jena, die heute nach ihm benannt ist. Schiller litt aber nach wie vor an chronischer Geldnot.

Trotz seiner ausbrechenden schweren Krankheit verfasste er neben weiteren Dramen wie DON KARLOS, MARIA STUART, DIE JUNGFRAU VON ORLEANS, WALLENSTEIN oder WILHELM TELL auch Geschichtsbücher und philosophische Aufsätze über die Theorie des Theaters und der Kunst sowie viele Gedichte. 1805 starb Schiller im Alter von 45 Jahren in Weimar.

Nach seinem Tod wurde Schiller zunächst in einem Gemeinschaftsgrab auf dem kleinen Jakobsfriedhof in Weimar beigesetzt. Seinem Freund Goethe und dem Weimarer Herzog Carl August schien das Grab allerdings zu bescheiden und so wurden Schillers Gebeine 1827 wieder ausgegraben. Goethe nahm Schillers Überreste zunächst zu sich nach Hause und verwahrte seinen Schädel in einem Schrein auf seinem Schreibtisch. Dann kamen die Gebeine für fast ein Jahr in einem Schränkchen der Amalia-Bibliothek in Weimar zur Ruhe. Dort wird bis heute die abgebildete Totenmaske Schillers aufbewahrt.
Inzwischen wird stark angezweifelt, ob es sich wirklich um den echten Schädel von Schiller handelt.

2 Inhaltsangabe

Schillers Drama sollte ursprünglich den Titel Louise Millerin tragen und damit gleich auf eine der Hauptfiguren des Stückes hinweisen. Der passendere Titel Kabale und Liebe kündigt die beiden gegensätzlichen Leidenschaften, um die es geht, an: um die Liebe zwischen zwischen zwei Menschen und die Intrige (= Kabale), die diese Liebe verhindern soll.

Mehr über den Titel ➤ siehe Kap. 3.1.3, S. 19 ff.

Luise, bürgerliche Tochter des Musikanten Miller, liebt den adligen Ferdinand von Walter. Die Liebe steht unter keinem guten Stern, denn ihre Väter bekämpfen die Verbindung, die gegen bestehende Standesgrenzen und die damit verbundene Etikette verstößt. Während Miller um den guten Ruf seines Hauses fürchtet, rechnet sich die Mutter einen entsprechenden Prestigegewinn durch eine Verbindung zwischen ihrer Tochter und dem Major aus.

Der Kern des Stückes: die Beziehung zwischen Luise und Ferdinand

Neben diesem gibt es noch einen weiteren Kandidaten, der Interesse an der Musikantentochter hat – den Sekretär Wurm, der Ferdinands Vater, dem Präsidenten Walter, am Hofe dient.

Während Ferdinand die Standesgrenzen ignorieren will und seine unbändige Liebe zu Luise betont, scheint Letztere leichter beeinflussbar zu sein von den Unruhen, die ihre Beziehung im familiären und gesellschaftlichen Umfeld auslösen könnten. Davon unbeeindruckt glaubt Ferdinands Vater nicht an echte Liebe und plant, unterstützt vom Nebenbuhler Wurm, eine Heirat seines Sohnes mit der Mätresse des Fürsten – der englischen Adligen Lady Milford. Ferdinand wehrt sich gegen diese geplante Hochzeit mit der Lady, welche sich allerdings bereits in ihn verliebt hat und entsprechend gekränkt ist, als Ferdinand sie barsch zurückweist.

Die für den Handlungsverlauf entscheidenden Intrigen bahnen sich schnell an

Der Präsident Walter beschimpft Luise, will seinen Plan

mit Gewalt durchsetzen und kann erst daran gehindert werden, als Ferdinand seinem Vater damit droht, dessen Intrigen aufzudecken.

Wiederum ist es Wurm, der den Präsidenten davon überzeugen kann, eine handfeste Intrige – eine ‚Kabale' – zu konstruieren. Luise soll zum Schreiben eines Liebesbriefes an einen fiktiven Liebhaber, den Hofmarschall von Kalb, gezwungen werden – als Druckmittel soll die Inhaftierung ihrer Eltern herhalten. Als Ferdinand sich daraufhin betrogen fühlt, bedroht er zunächst seinen scheinbaren Widersacher, lässt sich von dessen Geständnis über die geplante Kabale aber nicht besänftigen und schwört Rache an Luise.

Die Überwindung der Standesunterschiede ist von zentraler Bedeutung

Im Haus der Musikantenfamilie Miller treffen Luise, die von ihrem Vater von Selbstmordabsichten abgebracht werden kann, und Ferdinand aufeinander. Nach der Konfrontation mit dem Kabalebrief stirbt Luise an einer von Ferdinand vergifteten Limonade. Gerade noch kann sie Ferdinand alles beichten – was diesen so schockiert, dass er selbst von der giftigen Limonade trinkt und vor den Augen seines Vaters stirbt.

Daniel Chodowiecki: Kupferstich zu KABALE UND LIEBE, Szene I, 2 (1786)

3 Analyse des Dramas

3.1 Handlungsverlauf des bürgerlichen Trauerspiels Kabale und Liebe

Der folgende Durchgang durch die Handlung erfolgt nach Akten. Sind Szenen mit einem Querverweis in der Randspalte versehen, so sind sie besonders zentral bzw. zum Teil schwierig zu verstehen und werden in Kapitel 4 noch einmal genauer erläutert.

3.1.1 Der erste Akt: Exposition

„Einmal für allemal. Der Handel wird ernsthaft. Meine Tochter kommt mit dem Baron ins Geschrei" (21 ff.). Ohne viel Vorlauf präsentiert Schiller gleich zu Beginn des Stückes (➤I, 1) den Musikus Miller, der sich aufgrund eines Verhältnisses seiner Tochter mit dem schneidigen Ferdinand von Walter um den Ruf seiner Luise sorgt. Doch nicht nur die Sorge um das Wohl des Kindes treibt ihn um: Auch hat er Angst um den Ruf seines Ansehens und fürchtet das gesellschaftliche Getuschel über ihn selbst, den Herrn im „Haus" (23). Mit derben, für seinen Stand typischen Worten ahnt er eine uneheliche Schwangerschaft seiner Tochter voraus – was mit seinem streng christlich geprägten Weltbild nicht vereinbar ist.

Mehr über Szene I, 1 ➤ siehe Kap. 4.1, S. 45 ff.

Millers Dilemma: Wohl der Tochter oder schadloser Familienruf

Seine Frau scheint weniger Skrupel zu haben, ist sie doch beeindruckt von den Briefen des Majors sowie den geschenkten Büchern und erhofft sich „manchen schönen Groschen" (106) von der Präsidentenfamilie. Doch für Miller ist der Fall klar und so „muß die Sach noch heut auseinander" (126).

Der nun eintretende Privatsekretär des Präsidenten, Wurm, könnte ihm da weiterhelfen, denn auch er hat mehr als ein Auge auf Luise geworfen (➤I, 2). So vergewissert sich Wurm nach dem Betreten des Hauses gleich nach dem Be-

Der eifersüchtige Nebenbuhler – der Sekretär Wurm

finden seiner „Zukünftige[n]“ (150), von der er glaubt, sie werde ihm bald eine „fromme christliche Frau“ sein (160). Nachdrücklich weist er darauf hin, dass er eine Familie ernähren könnte und durch den Präsidenten über Kontakte zum Hof verfüge.

Doch Miller lässt sich hiervon kaum beeindrucken: So gibt er Wurm eindeutig zu verstehen, dass er einem Verehrer, der die Hilfe von Vater und Mutter benötigt, um die Angebetete zu erobern, „keine hohle Haselnuß“ zutraue (247). Millers Frau gibt sich da schon gesprächiger und erwähnt, zum Ärger ihres Mannes, dass eine Verbindung zwischen Luise und dem Major bestehe, was ihr jedoch die Drohung ihres Mannes, sie mit dem Cello zu verprügeln, einbringt.

Auftritt Luise – ein verliebtes und tief gläubiges Mädchen

Nach Wurms Abgang betritt Luise die Szene (➤I, 3): Freut sich Miller anfangs noch, dass Luise, gerade aus der Kirche kommend, ein gottgefälliges Leben führt, so reagiert er verärgert, als seine Tochter ihm gesteht, dass sie wieder nur an „ihn“ gedacht habe – gemeint ist Ferdinand von Walter. Sie weiß, dass sie mit ihrer Beziehung das christliche Weltbild, nach dem sie erzogen wurde, und das Verhältnis zu ihrem Vater auf eine harte Probe stellt: Gott („der Himmel“, 309) und Ferdinand streiten um den Platz in ihrem Herzen.

Sie bezeichnet sich als „Sünderin“ (298), da nicht Gott, sondern Ferdinand das Zentrum ihres Lebens sei. Nicht der Glaube, sondern Liebe bestimme ihr „bißchen Leben“ (325). Auch weiß sie um die Standesunterschiede und so träumt sie von einer Zeit, in der die „Schranken des Unterschieds“ (361) einstürzen und „Menschen nur Menschen“ (363) sein können. **Dem Zuschauer wird Luise als Figur vorgestellt, die leicht zu verunsichern ist und der Zukunft mit einer gewissen Naivität gegenüber steht.**

Dann tritt „er“ herein – Ferdinand von Walter erreicht

das Haus der Familie Miller (➤I, 4). Besser gesagt: Er „fliegt auf sie zu" und ist gleich beunruhigt wegen Luises Blässe. Liebt ‚seine' Luise ihn noch? Während er ihr seine Liebe schwört und ihre Einmaligkeit betont, ist Luise aufgrund der Familie Walter besorgt. Sie spürt einen schwebenden „Dolch" (422) über dem Paar, der es trennen könnte. Ferdinand sieht diese Gefahr nicht: Die Liebe ist für ihn das Allheilmittel, welches auch die „Flüche" (433) seines Vaters vergessen machen kann.

Ferdinand tritt als schneidiger und stürmischerr Adliger auf

In der folgenden Szene wechselt der Handlungsort – Schauplatz ist nun der Saal des Präsidenten am Hof des Fürsten (➤I, 5). Wie Miller ist der Präsident verärgert über die Beziehung seines Sohnes zu Luise: Walter glaubt nicht an ernsthafte Gefühle seines Sohnes für die Musikantentochter und ist bereit, „Skortationsstrafe" (503) zu zahlen – die Entschädigung für die Verführung eines Mädchens. Er denkt nämlich eher an ein amouröses Abenteuer Ferdinands mit einer Prostituierten und plant stattdessen bereits dessen Hochzeit mit Lady Milford, der Gespielin des Fürsten.

Ferdinands Vater ist eindeutig gegen die Verbindung

Hochzeit von Ferdinand und Lady Milford – die Lösung des Problems?

Wurms Warnung vor heftigem Widerstand vonseiten Ferdinands nimmt er nicht ernst, sondern will ihn vor vollendete Tatsachen stellen. Mehr als die Reaktion seines Sohnes interessiert den Präsidenten, wie er die Nachricht von der Hochzeit geschickt lancieren kann – da kommt der eintretende Hofmarschall von Kalb ihm gerade richtig gelegen (➤I, 6). Von gesellschaftlichen Verpflichtungen, wie der Planung von Schlittenfahrten, eingespannt, scheint dieser vielbeschäftigt, doch „fliegt er sogleich" (657), um Lady Milford von der Neuigkeit zu unterrichten und für entsprechenden Klatsch am Hof zu sorgen.

Familienkrach: Präsident Walter vs. Ferdinand

Deutlich aggressiver ist die Stimmung im Gespräch zwischen Ferdinand und seinem Vater (➤I, 7), das den ersten Akt – die Exposition des Dramas – abschließt: Um seinen

Sohn milde zu stimmen, zählt der Präsident zunächst seine Anstrengungen auf, die er am Hof unternommen hat, um das Wohl seines Sohnes als Nachfolger auf das Präsidentenamt zu fördern. Doch Ferdinand reagiert eher erschrocken als beeindruckt. **Er ist über die Machenschaften seines Vaters informiert und weiß um den Preis, den dieser dafür gezahlt hat.** Er fürchtet, dass „der blutige Widerschein" (694 f.) auf ihn als Erben fallen könnte und weist das Erbe des Vaters brüsk zurück.

Rückblick: Der Aufstieg des Präsidenten am Hof basiert auf dem Erfolg einer Intrige

Der Präsident nimmt dies nicht sehr ernst und will seinen Sohn zu seinem Glück zwingen. Doch nicht in politischem Machtgewinn und einflussreichen höfischen Ämtern sieht Ferdinand seine Zukunft – „in meinem Herzen liegen all meine Wünsche begraben" (738 f.).

Geschockt ist er, als sein Vater ihm die Hochzeitspläne mit Lady Milford eröffnet. Getroffen bittet er seinen Vater inständig, auf die Hochzeit zu verzichten. Er verachte eine Verbindung, die nur strategischen Zwecken der Ruhm- und Machtvergrößerung der Familie Walter dienen soll. **Vielmehr sucht Ferdinand eine Partnerin, die er nicht durch Prestige, sondern durch Liebe und unabhängig von der Standeszugehörigkeit gewinnen kann.**

Das Gespräch endet im Streit: Der Vater droht dem Sohn mit seiner weit reichenden Autorität, denn „wenn ich auftrete, zittert ein Herzogtum" (847). Ferdinand dagegen macht sich wütend auf den Weg zu Lady Milford, um ihr schroff seine Ablehnung mitzuteilen – stolz wie „ein teutscher Jüngling" (859 f.).

Ferdinands Wut und Verzweiflung über die Rücksichtslosigkeit seines Vaters

Die **Exposition des Stückes** im ersten Akt führt in den Grundkonflikt ein:

- Beide Väter sind gegen eine Beziehung zwischen ihren Kindern, der bürgerlichen Luise und dem adligen Ferdinand.
- Der Präsident versucht, das Problem auf „höfische" Art zu lösen, und plant hinter dem Rücken seines Sohnes dessen Verheiratung mit der adligen Lady Milford.
- Ferdinand lehnt diesen Vorschlag barsch ab und macht seinem Vater klar, dass er nicht als Spielball höfischer Intrigen herhalten möchte und nur auf die Signale seines Herzens hört.
- Vorgestellt werden die beiden großen sozialen Milieus, die aufeinander prallen: Der auf Machterhalt fixierte, sittenlose und intrigante Adel steht einem Bürgertum gegenüber, das um die Früchte seiner Existenz fürchtet.

3.1.2 Der zweite Akt: steigende Handlung

Bevor Ferdinand Lady Milford seine Ablehnung mitteilt, wird die Adlige mit ihrer Kammerjungfer Sophie gezeigt (➤II, 1). Die Lady ist gelangweilt vom höfischen Leben und des Personals am Hof überdrüssig, welches wie Marionetten an Drähten lebe und nur um sein Ansehen besorgt sei. Bestes Beispiel hierfür sei der Hofmarschall von Kalb.

Lady Milford wird als gelangweilte und verzweifelte Adlige am Hof eingeführt

Milford ist mit ihrer Rolle am Hof unzufrieden: Allein die Geliebte des Fürsten zu sein, dessen sexuelle Wünsche zu befriedigen und dafür im Gegenzug ein luxuriöses Leben führen zu können, reicht ihr nicht aus und sie beklagt, ihr Herz „hunger[e]" (921). Da käme die Hochzeit mit Ferdinand genau zur richtigen Zeit: Ferdinand hat ihre wahre Leidenschaft geweckt und neben der Erfüllung einer lang ersehnten „echten" Liebe bietet diese Verbindung die Möglichkeit, „die schändliche[n] Ketten" (983), die sie an den Fürsten beziehungsweise an sein Bett fesseln, zu sprengen.

Brillianten wurden mit Menschen ‚bezahlt' – Beispiel für menschenverachtendes Verhalten am Hof

Der eintretende Kammerdiener lenkt das Gespräch auf die Zustände im Fürstentum (➤II, 2): Die Brillanten, die Milford vom Fürsten als Hochzeitsgeschenk erhält, bezahlte dieser durch den Verkauf von jungen Männern als Soldaten nach Amerika. Der Kammerdiener schildert weiter, wie einige Männer erschossen wurden, weil sie den militärischen Sinn ihres Einsatzes hinterfragten. **Schiller wertet mit dieser Information nicht nur das fiktionale Geschehen des Dramas auf, sondern kritisiert auch die zeitgenössischen absolutistischen Herrscher der deutschen Kleinstaaten.** Erschüttert von diesen Umständen lehnt Milford das Geschenk ab und beauftragt Sophie mit dem Verkauf der Brillanten. Der Erlös solle den Opfern eines Großbrandes zu Gute kommen.

Mehr über Szene II, 3 ➤ siehe Kap. 4.3, S. 51 ff.

In dieser Situation kündigt sich Ferdinand an. Sichtlich überrascht empfängt ihn Lady Milford (➤II, 3). Mit der „Sprache meines Herzens" (1148) teilt er der englischen Adligen schroff mit, dass er die arrangierte Heirat ablehnt. Er beleidigt sie nicht nur persönlich, sondern kränkt sie auch in ihrer Ehre als britische Adlige, der er den Besitz eines echten Herzens abspricht.

Ferdinand erteilt Lady Milford als Braut eine Absage

Betroffen entschließt sich Milford, nicht in einen Streit mit Ferdinand einzustimmen, sondern diesen durch ihre eigene Geschichte zu beeindrucken: Sie sei keineswegs die „Abenteurerin, Walter, für die sie mich halten" (1219 f.). Ohne Familie, krank und mittellos sei sie nach Deutschland gekommen. „Mein Herz brannte nach einem Herzen" (1257 f.) gesteht sie, so dass sie sich in dieser Notlage, ähnlich wie Ferdinand, an ihre Bedürfnisse erinnerte und nach Schutz, Geborgenheit und echter Liebe suchte.

Lady Milford offenbart Ferdinand ihre Vergangenheit

Überrascht von so viel Offenheit, gesteht Ferdinand ihr seine Liebe zu einem bürgerlichen Mädchen. **Auch in dieser Situation sind Ferdinands Herz und seine Liebe die Richtschnur für seine Entscheidungen. Deswegen lässt er sich weder durch die Geschichte der Lady noch durch die Drohungen seines Vaters von seinem Plan abbringen.** Doch die Milford will Ferdinand nicht kampflos ziehen lassen und schwört, „alle Minen [zu] sprengen" (1401), also alle Hebel in Bewegung zu setzen, um nicht als zurückgewiesene Braut blamiert dazustehen. Wieder im Haus der Familie Miller, beeilt sich der Vater, den Schaden, den der Verrat Wurms beim Präsidenten ausgelöst hat, zu beheben, indem er beim Minister vorstellig werden will (➤II, 4).

In Millers wilde Beschimpfungen gegenüber Wurm und seiner eigenen redseligen Frau platzt der erschöpfte Ferdinand hinein (➤II, 5). Die Gedanken an Lady Milfords Geschichte vertreibend, schwört er bei Gott, mit Luise den Rest seines Lebens verbringen zu wollen, welches, auf Luises tiefen Glauben abzielend, „vor des Weltrichters Thron" (1504 f.) enden soll. Er bezeichnet Luise als Siegerin der beiden um ihn werbenden Frauen.

Für Ferdinand ist Luise eindeutige Favoritin gegenüber Lady Milford

Doch diese wirft sich ihrem Vater in den Arm, als sie von den Hochzeitsplänen des Präsidenten hört. Ferdinand jedoch ist entschlossen, die Kabale aufzudecken, die sein Vater geplant hat. Allein dessen bevorstehende Anwesenheit lässt die Musikantenfamilie bereits in große Angst und Hektik verfallen. Erneut erklärt Ferdinand, dass nicht die familiäre Gewalt seines Vaters seiner Meinung nach in seine Lebensplan eingreifen kann: „Doch aufs äußerste treibts nur die Liebe" (1557 f.) ruft er aus und macht deutlich, dass eine Trennung „dieser zwo Hände" eine Trennung zwischen sich und der „Schöpfung" (1562), also der traditionellen Verbindung zwischen Vater und Sohn, bewirken würde. Sein eigener Anspruch auf ein selbstbestimmtes Leben mit Luise ist ihm wichtiger als das angestammte Erziehungsrecht seines Vaters.

Kann sich die Liebe über familiäre Verpflichtungen hinwegsetzen?

Der Präsident tritt ein und es kommt zu einer ersten, beinahe gewalttätigen Konfrontation (➤II, 6): Der Präsident beleidigt Luise und fragt, ob sein Sohn für ihre Liebesdienste auch angemessen und bar bezahlt habe, und provoziert damit den rasenden Ferdinand, der seinen Vater mit seiner festen Beziehung zu Luise konfrontiert.

Konfrontation: Der Präsident beschimpft Luise und bedroht ihre Familie

Auch Miller findet seine Sprache wieder und weist den Präsidenten selbstbewusst daraufhin, dass man sich im Haus der Familie Miller befinde, aus welchem ein „ungehobelte[r] Gast“ (1652) zur Tür hinausgeworfen werde. Auch wenn Miller aufgrund der heftigen Reaktion des Präsidenten schnell ‚zurückrudert‘, **so ist dieser unscheinbar und unbeholfen wirkende Versuch Millers doch ein erstes Aufbegehren gegen den privilegierten Adel.**

Der Präsident ist auf dem Rückzug – Ferdinand droht mit Enthüllungen über dessen Vergangenheit

Derart provoziert ruft der Präsident die Gerichtsdiener hinzu (➤II, 7). Er will seinen Hass am „Untergang“ der Musikantenfamilie „sättigen“ (1668) und sie verhaften lassen: Die Gerichtsdiener, selbst unentschlossen und erst auf Druck des Präsidenten zum Eingreifen gedrängt, lassen erst von Luise und ihrer Familie ab, als Ferdinand damit droht, am Hof und in aller Öffentlichkeit zu erzählen, „wie man Präsident wird“ (1763 f.). Der Präsident, der weiß, dass Ferdinand die kriminellen Umstände des väterlichen Aufstieges kennt, eilt hinaus und lässt die aufgewühlte Familie und das unglückliche Liebespaar in der Stube zurück.

Der **zweite Akt, die steigende Handlung,** endet beinahe in der Eskalation des Konflikts zwischen Präsident und Sohn:

- Zuvor tritt Lady Milford in Erscheinung, eine englische Adlige am Hof des Herzogs, die spürt, wie sie im höfischen System immer stärker eingeengt wird. Fehlende emotionale Wärme und Aufrichtigkeit sowie die menschenverachtende Politik des Herzogs sorgen dafür, dass sie sich trotz des großen Luxus' am Hofe nicht wohl fühlt.
- Ferdinand besucht Lady Milford und erteilt ihren Hoffnungen auf eine gemeinsame Hochzeit eine Absage.
- Als Ferdinand von ihren Schicksalsschlägen in der Vergangenheit erfährt, ist er zwar betroffen, gesteht ihr aber trotzdem seine Liebe zur bürgerlichen Luise.
- Im Haus der Familie Miller liefern sich Ferdinand und der Präsident einen Schlagabtausch: Die Drohungen und Beleidigungen seines Vaters kontert Ferdinand mit der Ankündigung, die Intrigen, die hinter dem Aufstieg des Vaters zum Präsidentenamt stecken, aufzudecken.

3.1.3 Der dritte Akt: Handlungsumschwung

Ein Gespräch zwischen dem Präsidenten und seinem Sekretär Wurm bildet den Einstieg in den dritten Akt (➤III, 1). Während sein Vorgesetzter die Reaktion seines Sohnes und den Hochzeitsplan hinterfragt, weiß Wurm es besser: Er hatte Ferdinand durchschaut und seine Reaktion vorausgesehen. Wollte der Präsident zuvor nicht auf Wurm hören, ist er nun für dessen Pläne umso offener: Mit blanker Autorität sei Ferdinand nicht beizukommen, und so stellt der Sekretär fest: „Den Herrn Major umspinnen wir mit List" (1863).

Mehr über Szene III, I ➤ siehe Kapitel 4.3, S. 51 ff.

Gespielt wird mit bewährten Rezepten – Kabale und Liebe. **Die Kabale wird erst dadurch perfekt, dass sie Ferdinands Liebe zu Luise als neue Falle einkalkuliert.** Die Musikantentochter soll dem Präsidentensohn durch einen fingierten Liebesbrief an einen imaginären Liebhaber „verdächtig" (1848) erscheinen. Zum Schreiben des Briefes soll Luise durch die Drohung, ihre Eltern mit Gefängnishaft zu belegen, gezwungen werden. Ihr Schweigen glaubt Wurm durch einen Eid gesichert. Der Präsident ist schnell überzeugt, denn „Das Geweb ist satanisch fein" (1926). Schnell schreibt von Walter einen Verhaftungsbefehl, um Luises Eltern festnehmen zu lassen.

Schon wieder wird eine neue Intrige ausgetüftelt

Hofmarschall von Kalb wird als „falscher Geliebter" Luises ausgewählt (➤III, 2). Im Gespräch mit dem Hofmarschall offenbart ihm der Präsident das Problem bei der Verheiratung seines Sohnes mit Lady Milford: „Mein Ferdinand will nicht" (1979). Da von Kalb bereits Gerüchte gestreut hat, sieht er sich im Fall einer Absage der Hochzeit als unzuverlässige „Quelle" und „als Windmacher" (1983 f.) bloßgestellt. Auch Kalb ist in die Geschäfte des Präsidenten eingeweiht und sieht seine eigene Position am Hof gefährdet, falls die Umstände ans Licht kommen sollten.

Der Hofmarschall in der Rolle als Luises ‚Scheinliebhaber'

Endgültig eingenommen für die Kabale ist von Kalb aber

erst, als Walter ihm erzählt, dass sein Erzfeind am Hofe, von Bock, Lady Milford an Ferdinands Stelle heiraten und dann in der Rangfolge des Hofes an von Kalb vorbeiziehen könne. Er lässt sich dazu überreden, einen erfundenen Liebesbrief an Luise zu schreiben. Nachdem er den Präsidenten verlassen hat, trifft erneut Wurm ein und meldet die Verhaftung der Eltern (➤III, 3).

Mehr über Szene III, 4 ➤ siehe Kapitel 4.4, S. 54 ff.

Unter dem wachsenden Druck des Präsidenten reagieren Luise und Ferdinand unterschiedlich (➤III, 4). Der Major zeigt sich weiterhin kampfeslustig und ist bereit, seinen Vater zu verraten, um die Beziehung zu Luise zu retten. Mehr noch: Seine Liebe zu Luise nimmt eine immer zentralere Rolle seines Lebens ein: „Mein Vaterland ist, wo mich Luise liebt" (2469 f.). Er richtet seine ganzen Lebensumstände allein an der Anwesenheit Luises und seiner Liebe zu ihr aus. Weder sein Vater noch das Militär oder andere politische Aufgaben sind ihm wichtig.

Mehr zum Thema Liebe ➤ siehe Oldenbourg Interpretation zu KABALE UND LIEBE (Kapitel 4)

Doch Luise wehrt sich, denn sie relativiert Ferdinands Liebe: Nicht ihr, sondern seinem Stand gehöre Ferdinands Herz. Auch den Vorschlag zur Flucht, auf der auch Miller sie begleiten könnte, weist sie zurück. Sie möchte die alten Verhältnisse wiederherstellen. Auch die Familie Walter möchte sie wieder zusammenführen und „einem Vater den entflohenen Sohn wieder schenken" (2218 f.). Sie fürchtet, dass die „Fugen der Bürgerwelt" auseinander driften könnten, und möchte die „ewige Ordnung" (2221), in der sich die Welt eigentlich befinden sollte, nicht zerstören.

Aus Luises Worten spricht die Sehnsucht nach Normalität und Frieden

Doch Ferdinand kann kein Verständnis für Luises Befürchtungen aufbringen – im Gegenteil: dass sie eine Flucht ablehnt und ihm Hingabe und Loyalität verweigert, wirkt auf Ferdinand provozierend. Während sie die Pflicht zu bleiben verspürt, fühlt er sich, noch ohne Kenntnis des Kabale-Briefes, betrogen: „Schlange, du lügst. Dich fesselt was anders hier" (2252 f.).

Er verlässt das Haus und Luise sorgt sich um ihren abwesenden Vater, während Wurm das Haus betritt (➤III, 5). Der Verehrer und Intrigant zugleich erzählt Luise von der Verhaftung ihrer Eltern und von einem bevorstehenden Prozess gegen ihren Vater. Luise erscheint hin- und hergerissen: Sie ist voller Sorge um ihre Eltern und leidet unter dem Druck, der auf ihr und Ferdinand lastet. Gleichzeitig wächst ihre Wut auf Wurm und beinahe mitleidig spricht sie zu ihrem Verehrer: „Armer Mensch! Du treibst ein trauriges Handwerk, wobei du ohnmöglich selig werden kannst“ (2334 f.).

Luise will nicht fliehen – Ferdinand wittert Verrat: Ende Ihrer Beziehung?

Sie ist unentschlossen und sucht eine Möglichkeit, ihre Eltern zu retten – und Wurm kennt die Lösung: „Wir wollen versuchen. Setzen Sie sich“ (2452). Er diktiert ihr den Kabale-Brief, immer wieder unterbrochen von Luises emotionalen Ausbrüchen, und nimmt ihr am Ende den Eid ab, über die wahren Hintergründe des Briefes zu schweigen.

Wurm erpresst Luise und sie schreibt den falschen Liebesbrief

Am Ende der Szene ist Luise angegriffen: Der Druck und die Erpressung durch Wurm, wissend um den Verrat an ihrem Geliebten Ferdinand, lassen deutliche Spuren an ihr zurück. In Schillers Regieanweisung am Schluss der Szene blickt Luise „starr“ und „durchdringend“ und spricht „groß und schrecklich“ (2534). **Luise bricht aus ihrem bisher bekannten und von Zurückhaltung geprägten Verhalten aus.** Ihre sonst von Aggressionen freie Sprache ist verschwunden, als sie Wurm, auf seine Andeutung, um ihre Hand anhalten zu wollen, wütend erwidert: „Weil ich dich in der Brautnacht erdrosselte und mich dann mit Wollust aufs Rad flechten ließe“ (2534 ff.).

Der **dritte Akt, der Wendepunkt des Stückes**, wird durch die neue Intrige, die sich Wurm ausdenkt, geprägt:

- Der Präsident und Wurm erkennen, dass es einer neuen List bedarf, um Ferdinand und Luise zu trennen. Wurm schlägt vor, Luise solle Ferdinand als Fremdgängerin verdächtig gemacht werden.
- Das Vertrauen des Liebespaares wird zerstört, als Luise Ferdinands Fluchtplan zurückweist. Die Auseinandersetzung eskaliert in Ferdinands heftiger Reaktion, die gleichzeitig Vorbote der heraufziehenden Katastrophe am Schluss des Stückes ist.
- Unter dem Eindruck der Verhaftung ihrer Eltern lässt sich Luise von Wurm zum Schreiben eines ‚falschen' Liebesbriefes an Hofmarschall von Kalb zwingen.

Friedrich Schiller in Hoftracht, um 1790

KABALE UND LIEBE
III. AKT
6. SZENE
MEIN VATER IM TURM, MEINE MUTTER IM SPINNHAUS? ES ERWARTET SIE EIN KRIMINALPROZESS?
NUR DIE RUHE, FRÄULEIN LUISE! ES GIBT EINEN AUSWEG.
SCHREIBEN SIE EINEN LIEBESBRIEF AN HOFMARSCHALL VON KALB UND LÖSEN SIE SICH VON FERDINAND!
ELENDER WURM! DAS IST ERPRESSUNG!
FLAPP!
GRRR!
"... IHRE ZÄRTLICHE LUISE". PUNKT. HABEN SIE DAS ?
JA DOCH! JA! JA! JAAA!!!
TRAMPEL!
?!?
WOW! EINE KLASSEFRAU, ODER ?!?
SCHNAUB!
KIM

3.1.4 Der vierte Akt: fallende Handlung

Ferdinands ist so eifersüchtig, dass er sich an Luise rächen will

Ferdinand hat den Brief des Hofmarschalls von Kalb gefunden und stürmt am Kammerdiener des Hofes vorbei (➤IV, 1). In einem ausführlichen Monolog lässt Ferdinand in sein Seelenleben blicken (➤IV, 2): Luises attraktives Äußeres glaubt er als bloße Maske eiskalter Berechnung enttarnt zu haben – „ein unerhörter ungeheurer Betrug, wie die Menschheit noch keinen erlebte“ (2569 f.).

Luises Zurückhaltung erscheint ihm durch den entdeckten Brief plötzlich logisch. Immer weiter redet er sich in Rage und bezeichnet sie sogar als Prostituierte („Metze“, 2598). Seine Gefühle, die er Luise in vertrauten Momenten offenbart hatte, empfindet er nun als Bloßstellung, denn „[s]ie weiß, was sie aus mir gemacht hat. Sie hat meine ganze Seele gesehn“ (2599 f.). Tief in seiner Ehre gekränkt, schwört er Luise am Ende des Monologs „Tod und Rache“ (2609).

Ferdinands Liebe zu Luise schlägt ins Gegenteil um: in Hass

Zuvor jedoch muss er sich mit dem vermeintlichen Nebenbuhler von Kalb auseinandersetzen, der Ferdinands Temperament zu spüren bekommt (➤IV, 3). Er will den Hofmarschall zunächst noch zum Pistolenduell herausfordern und bekennt, sein Leben mache keinen Sinn mehr, denn „[i]ch habe nichts mehr in dieser Welt zu tun“ (2658 f.).

Dieser Satz offenbart Ferdinands Lage besonders deutlich: „Diese Welt“, das war bisher eine Welt, in der sich alles um die Liebe zu Luise gedreht hatte. Seine Familie oder seine hohe gesellschaftliche Stellung spielten kaum eine Rolle. Was als Aufbegehren gegen veraltete Autoritäten, die die Liebe zwischen ihm und Luise zerstören wollten, begann, gerät nun außer Kontrolle. So bedroht er in rasender Wut den verängstigten Hofmarschall.

Der Fixstern Luise ist plötzlich gesunken und damit auch Ferdinands Lebensgrundlage

Das Einzige, was ihn an Luise noch interessiert, ist die Frage, ob sie beim Zusammensein mit einem Anderen ihre Unschuld verlor: „Bube! Wenn sie nicht rein mehr ist?

Bube! […] Dir wäre besser, Bube, du flöhest der Hölle zu, als daß dir mein Zorn im Himmel begegnete“ (2704 ff.). Während er es bei Zärtlichkeiten belassen musste und Luise bloß anbeten konnte, so unterstellt er dem Hofmarschall, habe dieser bereits „genießen“ können.

Auch dessen Geständnis, er habe sie nie gesehen und kenne Luise gar nicht, kann Ferdinand nicht beruhigen und ähnlich wie bei Luise, so nimmt Schiller auch bei Ferdinands Verhalten mittels Regieanweisung deutliche Veränderungen vor (➤IV, 4). „Nach einem langen Stillschweigen, worin seine Züge einen schrecklichen Gedanken entwickeln“ und „indem er schrecklich die Hände faltet“, **verändert sich Schillers Ferdinand-Figur vollends zu einem unaufhaltbaren und unkontrollierbaren Rächer.** Der Verlust von Personen, an denen er sich orientieren konnte, veranlasst Ferdinand sogar, sich gegenüber Gott anzumaßen, die Geschicke seiner Welt und das Schicksal Luises selbst in die Hand nehmen zu wollen – „mich lass allein machen, Richter der Welt“ (2747).

Ferdinand ist nicht wiederzuerkennen – ein Unglück ist hier schon vorauszuahnen

Dies bringt ihn auch dazu, seinen Vater aufzusuchen (➤IV, 5). In dieser paradoxen Szene, in der Ferdinand seinem Vater beichten möchte, dass dieser mit seiner Meinung über Luises Charakter richtig lag, tritt der Präsident, von Enthüllungsängsten getrieben, seinem Sohn mit geheuchelt „schuldlose[r] Miene“ (2782) gegenüber. Ferdinand bittet seinen Vater um Verzeihung, da dieser ja aus rein „väterlichen“ und nicht aus geschäftlichen Gründen so gehandelt habe. „Oh, Sie kennen den Menschen“ (2784 f.) – derart geschmeichelt nutzt der Präsident die Gelegenheit und spielt ebenfalls den Sünder: „Ich verfluche meine Härte. Ich bin gekommen, dir abzubitten“ (2788 f.).

Der Präsident und sein reuiger Sohn stehen sich erneut gegenüber

Mit gespielter Reue stachelt er Ferdinands Aktionismus heftig an, besonders als er Luise Millerin als „edles, liebes Mädchen“ (2793) bezeichnet und damit den vermeintlich betrogenen Ferdinand an seiner schwächsten Stelle trifft. Als der Vater dann auch noch Anstalten macht, Luise als Schwiegertochter zu akzeptieren, stürzt Ferdinand aufgebracht aus dem Saal.

Luise besucht ihre Rivalin Lady Milford

Unterdessen hat Lady Milford Luise zu sich bestellt. Die Kammerjungfer Sophie kündigt eine bestürzte und gleichzeitig nachdenkliche Luise an (➤IV, 6). Zunächst begibt sich Lady Milford eindeutig auf Konfrontationskurs zu Luise, von der sie noch glaubt, sie könne ihre Hochzeit mit Ferdinand verhindern (➤IV, 7). Von oben herab spricht sie Luise als „Mädchen" an, dem sie „gut" sein will (2898) und dem sie die frei werdende Stelle der Kammerjungfer Sophie anbietet.

Mehr über Szene IV, 7 ➤ siehe Kapitel 4.5, S. 56 ff.

Luise lehnt ab und gibt sich demütig. Auf ihr schönes Aussehen angesprochen, antwortet sie bescheiden: „Mein Gesicht, gnädige Frau, gehört mir so wenig als meine Herkunft" (2915 f.). Doch Milford traut Luise nicht und kann nicht nachvollziehen, warum ein Mädchen aus kleinsten Verhältnissen ein Angebot, das eine Tätigkeit am fürstlichen Hof bedeutet, ablehnt. Denn Luise könnte sich damit „ihrer bürgerlichen Vorurteile entledigen" (2946 f.). Erfolglos versucht die adlige Lady Milford, die bürgerlich-fromme Luise mit deren Herkunft unter Druck zu setzen.

Luise würde ihr Leben nicht mit dem der Milford tauschen

Die Musikantentochter lässt sich jedoch nicht beirren. Selbstbewusst fragt Luise, ob Lady Milford ihr raten könnte, „Brust" und „Schicksal" (3024) mit ihr zu tauschen – wohl wissend, dass die mit ihrem Leben unglückliche englische Adlige dies niemals bejahen könnte. **Die Szene schließt mit dem Verzicht Luises auf Ferdinand und ihrer Andeutung eines möglichen Selbstmordes.**

Milfords Klagen über ihr sinnloses Leben am Hof

Allein, „erschüttert und außer sich", scheint Lady Milford sich darüber klar zu werden, dass ihr Leben an einem Punkt angelangt ist, der eine Entscheidung fordert: „Gott! Bin ich so tief gesunken" (3115); so stellt sie den Sinn ihres bisherigen Lebens am Hof grundsätzlich in Frage (➤IV, 8). Luises Beispiel folgend macht sie sich Mut: „Auch ich habe Kraft, zu entsagen“ (3128). Erst jetzt ist sie in der Lage, eigene Entscheidungen für ihr Leben zu treffen, auch wenn damit ihre materielle Versorgung auf dem Spiel steht. Doch der Verlust scheint sie kaum zu belasten – im Gegenteil: „Wie ich auf einmal so leicht! so gehoben mich fühle“ (3140 f.).

Am Szenenende schreibt sie dem Herzog einen Abschiedsbrief, welchen sie dem eintretenden Hofmarschall von Kalb, der fragt, mit welchem Programm die Lady sich am Abend unterhalten lassen möchte, überreicht und der ihn in Anwesenheit der Bediensteten vorliest (➤IV, 9).

Im **vierten Akt** wirkt die **fallende Handlung** als Verzögerung vor der endgültigen Katastrophe:

- Der fingierte Liebesbrief macht Ferdinand rasend und scheinbar unkontrollierbar schwört er Luise Rache.
- Den Hofmarschall von Kalb bedroht Ferdinand mit einer Waffe. Doch auch das Geständnis des Marschalls, er kenne Luise gar nicht persönlich, kann Ferdinand nicht beruhigen.
- Von seinem Vater, der den plötzlich Einsichtigen mimt, wird Ferdinands Wut noch zusätzlich angestachelt.
- Luise sorgt im Gespräch mit Lady Milford dafür, dass die Adlige ihr sinnloses Wesen am Hof überdenkt und eine Neugestaltung ihres weiteren Lebens plant. Milford beschließt ihren heimlichen Abschied, den sie dem Fürsten in einem zurückgelassenen Brief erklärt.

3.1.5 Der fünfte Akt: Katastrophe

Der fünfte und letzte Akt beginnt, wo der erste Akt begonnen hatte – im Haus der Familie Miller. Dieser Ort wird bis zum Ende der Handlung beibehalten. Ohne Luise zu bemerken, klagt Miller über die verfahrene Situation, die er als göttliche Strafe interpretiert (➤V, 1). **Luise kommt hinzu – und scheint am Ende zu sein: „Der Kampf ist entschieden“** (3301).

Mehr über Szene V, 1 ➤ siehe Kapitel 4.6, S. 58 ff.

Luise hat Selbstmordabsichten, denn es gibt keinen Ausweg mehr

Sie hat einen weiteren, an Ferdinand gerichteten Brief geschrieben, den sie ihrem Vater übergibt und in dem sie ihren Selbstmord ankündigt: Sie sei lebendig an den gegenüber Wurm geleisteten Eid gebunden, doch sie „weiß einen dritten Ort, wo kein Eidschwur mehr bindet und wohin ihm kein Horcher mehr geht“ (3334 ff.). Ihr Vater ist über die Zeilen schockiert, doch überraschend sind die Gründe seiner Reaktion: Nicht das körperliche Wohl seiner Tochter steht im Mittelpunkt. Auch sein strenger christlicher Glaube verbietet ihm, den Selbstmord seiner Tochter gutzuheißen. Daneben fürchtet er finanzielle Probleme, da er im Fall von Luises Tod um sein eigenes Schicksal bangt: „Auch ich hab alles zu verlieren“ (3409).

Miller sorgt sich um Tochter, Geld und Glauben

Mehr noch: Er setzt Luise zusätzlich unter Druck. So soll sie sich zwischen ihrem Vater und Ferdinand entscheiden – oder sterben: „Wenn die Küsse deines Majors heißer brennen als die Tränen deines Vaters – stirb!“ (3463 f.). Derart eingeschüchtert entschließt sich Luise gegen den Selbstmordplan und zerreißt den Brief, bevor Ferdinand ihn lesen kann. Doch während Miller bereits in Träumen von einem Leben schwelgt, das er als Musiker mit seiner Tochter in einer anderen Stadt führen kann, betritt Ferdinand das Haus.

Ferdinand will Luise „holen“

Erschrocken fällt Luise ihrem Vater um den Hals, als Ferdinand erklärt, er sei da, um seine „Braut zum Altar abzuholen“ (3541) – der drohende Unterton in Ferdinands

Worten ist bereits klar erkennbar (➤V, 2). Luise gesteht ihm zwar auch auf mehrfache Nachfrage, dass sie den Brief an den falschen Geliebten schrieb, doch ist sie nach wie vor an den Eid gebunden und lässt die Chance, alles aufzudecken, ungenutzt. Erstmals offenbart Ferdinand Luise, wie sehr ihn ihr Verhalten gekränkt hat: „Du wußtest nicht, daß du mir alles warest! Alles!“ (3639 f.).

Als Luise die beiden Männer allein lässt, um eine von Ferdinand erbetene Limonade zuzubereiten, bezahlt Ferdinand dem Musiker Miller die ausstehenden Beträge für den Flötenunterricht, den er bei ihm genommen hatte (➤V, 3). Während Miller nach Luise schaut, wird Ferdinand von Gewissensbissen eingeholt (➤V, 4). Er weiß, dass Luise die einzige Tochter des Musikers ist und diesen im Falle ihres Todes in größte Probleme stürzen würde. Dessen Existenz stünde auf dem Spiel. Doch die nachdenklichen Momente sind kurz und schnell besinnt sich Ferdinand wieder: **Luise muss sterben, damit ihr Vater nicht auch von ihr enttäuscht werden kann. Ferdinand glaubt, eine Tat zu planen, für die ihm noch Dank gebührt.**

Ferdinand ist hin- und hergerissen, ob Luise leben oder sterben soll

Miller, von Luise zurückgekehrt, ahnt noch nichts von Ferdinands Plan. Das Vater-Tochter-Verhältnis scheint für ihn unangreifbar zu sein und er fühlt sich von höchster Stelle bestätigt: „Ich hab sie von Gott“ (3753, ➤V, 5). Doch schnell hat Miller wieder Wichtigeres im Auge: Ferdinand zahlt ihm einen viel zu hohen Preis für den erhaltenen Musikunterricht – und zwar in Gold.

Völlig verzückt wird der Musiker erstmals im Stück in ausgelassener Stimmung gezeigt, kann er den plötzlichen Reichtum doch kaum fassen. Seine Situation ist ein herber Kontrast gegenüber dem Schicksal, dem er am Ende des Stückes gegenüberstehen wird.

Miller ist fröhlich und vergnügt – wie selten

Als Luise mit der Limonade zurückkehrt, versucht sie, wohl wissend, dass der Geliebte Ferdinand für sie verlo-

Luise und Ferdinand zeigen keine Spur mehr von Liebe

ren ist, gleich eine entsprechende Distanz zu schaffen. So spricht sie ihn nicht mit dem vertrauten „du“, sondern mit einem dienstmädchenähnlichen „Sie befehlen, wenn sie nicht stark genug ist?“ (3852) an (➤V, 6). Miller wird von Ferdinand unter einem Vorwand zum Präsidenten geschickt und so ist das ehemalige Liebespaar kurz vor Ende des Stückes ein letztes Mal allein.

Ferdinand ist es, der die Todesinitiative ergreift

Der Major hat einen unbemerkten Moment genutzt und Gift in ein Glas Limonade geschüttet. Stand in einer der vorigen Szenen ihrer trauten Zweisamkeit die Liebe zwischen beiden im Zentrum des Geschehens, wird die Stimmung nun von emotionaler Kälte dominiert. Erneut spricht Luise ihn mit „Herr von Walter“ (3923) und nicht mit „Ferdinand“ an (➤V, 7). Bei einer Partie Schach wird deutlich, dass Ferdinand völlig neue Ansichten zum Thema Liebe entwickelt hat. Wollte er vor der Kabale noch ewige Liebe zu Luise schwören und seine ganze Zukunft riskieren, so stellt er am Schachbrett trocken fest: „Toren sind's, die von ewiger Liebe schwatzen [...], Veränderung nur ist das Salz des Vergnügens“ (3933 ff.).

Er bringt Luise dazu, die vergiftete Limonade zu trinken und wünscht ihr ein heuchlerisches „Wohl bekomm's!“ (3975). Doch plötzlich will Luise Ferdinand um den Hals fallen. Sie hält die ganze Intrige nicht mehr aus, aber Ferdinand stößt sie fort. Erst als Luise andeutet, etwas verschweigen zu müssen, gibt Ferdinand nach und „stürzt ihr heftig weinend an den Hals“(4030). Doch auch Ferdinands Frage, warum sie ihm das angetan habe, kann Luise wegen des Eides nicht wahrheitsgemäß beantworten und belässt es bei Andeutungen – zumindest bis sie die Übelkeit aufgrund der vergifteten Limonade spürt. Ferdinand gesteht ihr sofort seinen Mordplan: „Deine Limonade war in der Hölle gewürzt“ (4095 f.). Doch er beruhigt Luise zugleich: „Wir machen die Reise zusammen“ (4107).

Ferdinands Geständnis und die Aufklärung der Intrige

Was Luise in ihrem Abschiedsbrief vor ihrem verworfenen Selbstmordplan beabsichtigte, nämlich ein Wiedersehen mit Ferdinand „an einem dritten Ort", ist nun nicht mehr zu verhindern. Erst jetzt gesteht Luise Ferdinand die Kabale und den Eid – doch es ist zu spät. In der letzten Szene (➤V, 8) stürzen der Präsident, Wurm, die Gerichtsdiener sowie Miller ins Zimmer und finden die Vergifteten sterbend.

Am Schluss geht es um die Frage der Schuld am Tod des Liebespaares

Ferdinand bezichtigt seinen Vater, schuld am bevorstehenden Tod zu sein. Dieser jedoch will die Verantwortung nicht auf sich nehmen und schiebt sie seinem Sekretär Wurm zu: „Du, du gabst den Schlangenrat – Über dich die Verantwortung – Ich wasche die Hände" (4226 ff.). Wurm wiederum fürchtet die Konsequenzen und will sich beim Präsidenten damit revanchieren, dessen Machenschaften aufzudecken, die ihm zum Amt des Präsidenten verhalfen: „Ich will Geheimnisse aufdecken, daß denen, die sie hören, die Haut schauern soll" (4239).

Der Tod des Liebespaars und die Verhaftung der Intriganten

Seinem Vater will Ferdinand im Angesicht seines Todes nicht in die Augen blicken, doch reicht er ihm im letzten Moment noch „seine sterbende Hand", was der Präsident als Zeichen der Vergebung deutet. Luise und Ferdinand sterben nicht nur als Opfer vergifteter Limonade, sondern auch als Opfer von Kabalen und Liebe.

Der **fünfte Akt** bringt die **Katastrophe** der Handlung mit sich:

- In der Stube der Familie Miller spürt Luise die Ausweglosigkeit der Situation und äußert ihrem Vater gegenüber Selbstmordgedanken.
- Ferdinand kommt hinzu und vergiftet in einem unbeobachteten Moment ein Glas Limonade, aus dem Luise zuerst trinkt.
- Erst als Luise die ersten Vergiftungserscheinungen spürt, beichtet sie Ferdinand die Wahrheit über den fingierten Liebesbrief. Schockiert über seine Tat trinkt auch er von der Limonade.
- Der Präsident, Wurm und das Ehepaar Miller finden das Liebespaar sterbend auf dem Boden. Nach dem Tod von Ferdinand und Luise weisen sich Wurm und der Präsident gegenseitig die Schuld zu – und werden abgeführt.

3.2 Der Kontext von KABALE UND LIEBE

Egal welcher Autor, egal welches Werk, egal ob Drama, Roman oder Gedicht: Ein literarischer Text kann nie isoliert betrachtet und analysiert werden, denn er ist gleichzeitig auch immer das Ergebnis unterschiedlicher äußerer Einflüsse. Das Verständnis hierfür will das folgende Unterkapitel wecken und schärfen. Doch Vorsicht: Es wäre ein Irrglaube, sich auf einen Textzugang beschränken zu können. Kein Stück kann erschlossen werden, wenn krampfhaft versucht wird, biografische Züge des Autors in der Handlung zu lesen; und auch der historische oder politische Hintergrund allein wird kaum zu einem guten Ergebnis führen. Daher sollen nun die verschiedenen Einflüsse auf KABALE UND LIEBE aufgezeigt werden.

Mehrere Interpretationen und Zugänge zu einem Text sollten gewählt werden

3.2.1 Politischer Hintergrund der Entstehung

„Räsonniert, soviel ihr wollt und worüber ihr wollt, aber gehorcht!" Es ist ein rauer Ton, den König Friedrich II., der aufgeklärte preußische Herrscher, gegenüber seinen Untertanen an den Tag legt. Doch lässt sich an seinen Worten ablesen, wie weit die Bürger eines Landes aktiv in die politischen Geschicke eingreifen sollten – nämlich gar nicht.

Das Zeitalter des Absolutismus bildet den historischen Hintergrund

KABALE UND LIEBE spielt im 18. Jahrhundert. Seit Ende des Mittelalters hatten sich in Europa immer mehr einzelne Staaten gebildet. Sie wurden von Herzögen, Fürsten etc. regiert, die so unabhängig wie möglich herrschen wollten – diese beanspruchten die vollständige Souveränität. Während sich mit Frankreich und England große Nationalstaaten bildeten, blieb Deutschland ein ‚Flickenteppich'. Über 30 eigenständige Fürstentümer und Reichsstädte konkurrierten miteinander.

Unumschränkter Herrschaftsanspruch prägte das 18. Jh.

Im Falle Schillers ist es das Herzogtum Württemberg, in dem der Herrschaftsanspruch eines Herzogs und das individuelle Denken seiner Untertanen aufeinanderprallen.

Der Sonnenkönig Ludwig XIV (1638–1715) vertrat den Absolutismus in Frankreich wie kein anderer Herrscher in Europa. Er führte ein prunkvolles und kostspieliges Leben am Hofe.

Die Herrscher beanspruchten, ihre Länder eigenständig zu beherrschen, und lehnten eine Machtteilung ab – die Ausübung unumschränkter Macht wird deshalb als Absolutismus bezeichnet. Oft war der Geldbedarf der einzelnen Herrscher immens, da sie sich neben einem aufwändigen Hofleben auch in den Bereichen der Kultur und der Kunst engagierten.

Auch in Kabale und Liebe wird dieses Problem angesprochen: So lässt Schiller in der „Kammerdiener-Szene" (➤II, 2) einen Angestellten des Hofes schildern, dass der Fürst junge Männer als Soldaten nach Übersee verkauft und damit den maroden Haushalt seines Fürstentums aufbesserte.

Mehr zu den historischen Hintergründen ➤ siehe Oldenbourg Interpretation zu Kabale und Liebe, Kapitel 2

- Die dominierende Herrschaftsform im Europa des 18. Jahrhunderts ist der **Absolutismus** – eine monarchische Alleinherrschaft, die sich oftmals auf einen göttlichen Auftrag berief (Gottesgnadentum).
- In Deutschland existieren zahlreiche Kleinstaaten, deren Herrscher möglichst eigenständig und ohne eine Form von politischer Opposition regieren wollen. In einer solchen Konkurrenzsituation versuchten sie, sich voneinander abzugrenzen.

„Was ist Aufklärung?“ – Immanuel Kant (1724–1804)

3.2.2 Die Aufklärung als Hintergrund

1784, im gleichen Jahr, in dem Schiller KABALE UND LIEBE veröffentlicht, beteiligt sich der deutsche Philosoph Immanuel Kant, damals Professor an der Universität in Königsberg, an einer Ausschreibung der Zeitschrift BERLINISCHE MONATSSCHRIFT. Diese hatte einen Aufsatz-Wettbewerb gestartet, bei dem die Frage „Was ist Aufklärung?“ zu beantworten war. Bis heute ist Kants Formulierung zur Standarddefinition der Aufklärung geworden:

Aufklärung ➤ Unmündigkeit ➤ Verstand

> *Aufklärung ist der Ausgang des Menschen aus seiner selbst verschuldeten Unmündigkeit. Unmündigkeit ist das Unvermögen, sich seines Verstandes ohne Anleitung eines anderen zu bedienen. […] Sapere aude! Habe Mut, dich deines eigenen Verstandes zu bedienen! ist also der Wahlspruch der Aufklärung.*

Die Aufklärung war eine Bewegung, die bald weite Teile Europas erfasste. Bewegt werden sollte besonders der menschliche Verstand, der sich bis dahin durch allerlei Einschränkungen und Autoritäten gehemmt sah. **Kant bezeichnet die Aufklärung als Ausgang aus der „Unmündigkeit“. Bis ins 18. Jahrhundert hinein ist das Denken in weiten Teilen der Bevölkerung von eben dieser „Unmündigkeit“ geprägt.** Bis in den privatesten Bereich regelten Vorschriften das Leben.

Während das Mittelalter vor allem der Kirche Raum bot, um Einfluss auf die individuelle menschliche Lebensgestaltung zu nehmen, entwickelten sich seit dem 16. Jahrhundert Nationalstaaten, die von Herrschern regiert wurden, welche einzelnen Menschen kaum Einflussmöglichkeiten gewährten. Der Mensch war laut Kant nicht in der Lage, seinen Verstand „ohne Anleitung eines anderen zu bedienen“. Doch Kant ‚diagnostizierte‘ auch, dass die Unmündigkeit nicht allein der Grund kirchlicher oder politischer Beschränkungen war. Grund war auch der fehlende menschliche Mut, eigenständig zu denken.

Ziel der Aufklärung: der eigenständig denkende Mensch

In der englischen Sprache bedeutet der Begriff Aufklärung „enlightenment“, im Französischen „lumière“, was übersetzt „Erleuchtung“ heißt. Die Aufklärer versuchten also, Licht ins Dunkel des unmündigen menschlichen Verstandes zu bringen.

So schlicht es aus heutiger Sicht klingt: Der Mensch sollte denken. Er sollte nicht vorformulierte Wahrheiten übernehmen, sondern eine eigenständige Denkleistung vollbringen. Die ‚Eckpfeiler‘ der Aufklärung hatten der Franzose René Descartes und der Brite David Hume aufgestellt: Descartes forderte ein Denken, das sich allein an der Vernunft orientierte (Rationalismus). Hume plädierte für ein Denken, das auf der selbstständig gemachten Erfahrung basierte (Empirismus).

Die ‚Eckpfeiler‘ der Aufklärung: René Descartes (1596–1650) und David Hume (1711–1776)

Damit wird klar und gerade in KABALE UND LIEBE deutlich: Ein Mensch kann lernen. Nicht lesen, schreiben oder rechnen ist gemeint. Der aufgeklärte Mensch hat gelernt – er hat sich als Mensch weiterentwickelt. **Der Glaube an die Bildungsfähigkeit des Menschen ist einer der Dreh- und Angelpunkte, an denen die Aufklärung sich orientiert.**

Diese neuen Ideen führten bald dazu, dass besonders gebildete Menschen begannen, die althergebrachten Ideologien und Autoritäten zu hinterfragen. Auch die Schriftsteller, nicht zuletzt Friedrich Schiller, griffen diese Gedanken auf und verarbeiteten sie in ihren literarischen Werken.

In KABALE UND LIEBE wird ebenfalls auf die neuen Gedanken der Aufklärung angespielt, die in Form vieler Bücher größere Bevölkerungskreise erreichte – vorausgesetzt, sie konnten lesen. Im Gespräch zwischen Wurm und dem Präsidenten gibt Wurm zu, Ferdinand sei ihm auch deshalb suspekt, weil dieser modernes Gedankengut („phantastische Träumereien“) an den Hof brachte: „Die Grundsätze, die er aus den Akademien hierherbrachte, wollen mir gleich nicht recht einleuchten.“

Die Aufklärung schlägt sich in KABALE UND LIEBE nieder

Die Geschichte und der Verlauf der Aufklärung muten dabei durchgängig wie eine einzige Erfolgsgeschichte an und tatsächlich gründen sich viele aktuelle demokratische Staaten und die Menschenrechte auf die Ideen der Aufklärung. Gleichzeitig brachte die Aufklärung aber auch neue Probleme mit sich, für die gerade die Französische Revolution ein gutes Beispiel ist. Diese Phase wird auch als Spätaufklärung bezeichnet.

Aufgeklärte Selbstkritik kennzeichnete die Spätaufklärung

Wie die ersten Aufklärer gefordert hatten, wurde der Verstand nun von den Spätaufklärern selbstständig bedient und die Ideen der Aufklärung kritisch überprüft. Zwar erreichten die Ideen der Aufklärung, dass der Mensch kirchliche und politische Fesseln zumindest lockern konnte, doch stellte sich dann ein neues Problem: Plötzlich und ungewohnt in die neu gewonnene Freiheit versetzt, sah der Mensch nun kaum noch feste Regeln, die seine Handlungen begrenzen und das Zusammenleben ordnen konnten. Die Französische Revolution erreichte zwar die Abschaffung eines Königtums, das seine Herrschaft durch Gott bestätigt und geschützt sah, doch mündete diese Revolution in Terror und Chaos, an dessen Ende wieder ein autoritärer Herrscher – Napoléon – stand. Der Mensch war plötzlich so frei, dass er kaum Zeit hatte, zu „lernen“, wie er die neu gewonnene Freiheit nutzen und auf sein eigenes Leben anwenden konnte.

- Seit dem 16. Jahrhundert gewann die **Aufklärung** immer mehr Anhänger.
- Der eigenständig denkende Mensch sollte sich aus den Abhängigkeiten, die sein Leben vielfach bestimmten und der daraus entstehenden Unmündigkeit befreien und als autonomes Wesen Entscheidungen treffen können.
- Vom Geist der Aufklärung ließ sich auch Schiller inspirieren. Mit KABALE UND LIEBE schrieb er ein Stück, dessen Figuren Ferdinand und Lady Milford sich „ihres eigenen Verstandes“ bedienten sowie ihre Unmündigkeit am Hof erkannten und diese nicht länger hinnehmen wollten.

3.2.3 Einordnung in die Literaturgeschichte – Sturm und Drang

Literatur – Geschichte – Literaturgeschichte

Geschichte und Literaturgeschichte müssen sauber voneinander getrennt werden. Während sich die Geschichte in große Epochen wie Antike oder Mittelalter aufteilen lässt, geht die Literaturgeschichte kleinschrittiger vor: Barock, Klassik, Romantik, Realismus, Expressionismus sind nur eine Auswahl der literaturgeschichtlichen Epochen.

Die Epoche, in der Schiller sein bürgerliches Trauerspiel KABALE UND LIEBE veröffentlichte, wird Sturm und Drang genannt.

Goethe – ein früher „Stürmer und Dränger"

Einer der besten Definitionen der Literatur dieser Epoche hat einer der frühesten „Stürmer und Dränger" geliefert. Goethe schrieb rückblickend auf sein Leben im Buch DICHTUNG UND WAHRHEIT:

> *Die Epoche, in der wir lebten, kann man die fordernde nennen: denn man machte, an sich und andere, Forderungen auf das was noch kein Mensch geleistet hatte. Es war nämlich vorzüglichen, denkenden und fühlenden Geistern ein Licht aufgegangen, daß die unmittelbare originelle Ansicht der Natur […] das Beste sei, was der Mensch sich wünschen könne, und nicht einmal schwer zu erlangen.*
>
> (Johann Wolfgang Goethe: Aus meinem Leben. Dichtung und Wahrheit. Dritter Theil. In: Goethes Werke. Hg. im Auftrage der Großherzogin Sophie von Sachsen. (Weimarer Ausgabe.) I. Abtheilung. Bd. 28. Weimar: Böhlau 1890, S. 338 f.)

Sturm und Drang als Ausdruck der Unzufriedenheit

Die Autoren des Sturm und Drang verspürten eine tief sitzende Unzufriedenheit mit der Zeit und mit den Umständen, unter denen sie lebten. Ihnen war, wie Goethe mit treffenden Aufklärungsbegriffen formulierte, „ein Licht aufgegangen" und sie kritisierten verkrustete gesellschaftliche Strukturen, wie zum Beispiel die Gegensätze zwischen Adel und Bürgertum.

Das Ziel – der eigenständig handelnde Mensch

Eine besondere Rolle spielte für die Stürmer und Dränger die Natur. Sie soll nicht mehr bloß schmückendes Beiwerk sein. Was Goethe eine „originelle Ansicht der Natur" nennt, meint einen neuen Plan für ein von jedem Menschen eigenständig geplantes Leben. Jedes Subjekt soll sich selbst so weit wie möglich entfalten können (Autonomie). Genau hierin liegt die Natur des Menschen, die sich nicht in den einengenden Grenzen der Gesellschaft entfalten kann, sondern größtmögliche Freiheit benötigt. Der Mensch wird im Sturm und Drang deshalb auch als Genie verklärt. Dieses Genie hat alle Probleme der Gesellschaft überwunden und kann sich somit auch als ganzer Mensch verstehen.

Genauso autonom versuchten auch die Schriftsteller des Sturm und Drang zu arbeiten, die gerade bei der Gestaltung ihrer Werke keine Vorgaben oder feste Regeln akzeptieren wollten.

- Im **Sturm und Drang** findet die Unzufriedenheit der Schriftsteller im 18. Jahrhundert ein Ventil und propagiert die Unabhängigkeit des Menschen, der zum ‚Genie' überhöht wird.
- Auch die Literatur befreit sich von inhaltlichen und formalen Vorgaben – sie wird als autonomes Kunstwerk verstanden.
- ‚Stürmisch und drängend' gibt sich auch KABALE UND LIEBE: Schiller zeigt mit dem Stück deutlich, wie sich die Unzufriedenheit von Menschen mit gesellschaftlichen Normen in dem Versuch entlädt, diese Regeln mit aller Kraft zu zerstören.
  Die individuellen Interessen und Gefühle der Figuren treten in den Vordergrund – und mit ihnen das Bestreben, sich der alten Fesseln zu entledigen.

3.2.4 Das neue Drama des 18. Jahrhunderts – das bürgerliche Trauerspiel

Jede Form von Literatur lässt sich einer der drei literarischen Gattungen zuordnen – auch das bürgerliche Trauerspiel:

Literatur

Epik	Lyrik	Dramatik
z. B. Roman, Novelle, Kurzgeschichte	Gedicht, Ballade	Komödie, Tragödie, bürgerliches Trauerspiel

Schiller hat mit KABALE UND LIEBE einen der bekanntesten und wichtigsten Texte im Verlauf der Geschichte des deutschsprachigen Dramas geliefert.

Die Gattung Drama blickt auf eine fast 2500 Jahre alte Geschichte zurück. Das Drama unterscheidet sich grundlegend von Lyrik und Epik. Der größte Unterschied zu epischen und lyrischen Texten liegt in der so genannten Unmittelbarkeit. Das Geschehen eines Stückes wird dem Leser nicht durch einen Erzähler (wie bei der Epik) oder das lyrische Ich (wie bei der Lyrik) vermittelt. Das Geschehen wird von Schauspielern in Dialogen und Monologen dargestellt und spielt auf einer Bühne – unmittelbar vor den Augen der Zuschauer. Der Zuschauer wird Zeuge eines Geschehens und damit stark in die konfliktreiche Handlung eingebunden. Die Schauspieler und der Regisseur haben die Möglichkeit, mit der Wahrnehmung des Zuschauers zu ‚spielen'.

Die ursprüngliche Idee für das klassische Drama liegt trotz aller Verdienste nicht bei Schiller, sondern bei einem Autor der griechischen Antike – Aristoteles, der um 335 v. Chr. eines seiner Hauptwerke, die POETIK, schrieb. Er definierte die Tragödie – die Urform des Dramas – als Versuch einer Nachahmung (mimesis) menschlicher Hand-

Der Vater der Tragödie – Aristoteles (384 – 322 v. Chr.)

lungen (mythos) durch gesprochene Sprache (lexis) in einer bestimmten Szenerie (opsis). Was zunächst relativ ‚trocken' und nicht unbedingt unterhaltsam als „Handlung" bezeichnet wird, soll durch eine drastische, teils ziemlich blutige Darstellung bei den Zuschauern „Furcht und Mitleid" hervorrufen. Der Zuschauer wird emotional angesprochen, wodurch gleichzeitig seine Reinigung (katarsis) von Jammer und Schrecken durch das dargestellte Geschehen erreicht werden soll. Der Mensch soll laut Aristoteles nicht nur unterhalten werden, sondern gleichzeitig auch noch einen Nutzen aus dem Besuch einer Theateraufführung ziehen.

Reinigung des Zuschauers durch „Jammer" und „Schauder" auf der Bühne

Die dramatische Grundidee des Aristoteles blieb unangetastet, doch stellten sich die Schriftsteller immer häufiger die Frage, wie sie den Kern des aristotelischen Dramas einerseits bewahren, andererseits aber ihren aktuellen Bedürfnissen anpassen konnten.

Die Lösung fand in der Mitte des 19. Jahrhunderts der Schriftsteller und Literaturwissenschaftler Gustav Freytag. Das Drama im Sinne Freytags umfasst fünf Phasen und seine Struktur wurde von ihm 1863 (in seinem Buch Die Technik des Dramas, Wissenschaftliche Buchgesellschaft: reprogr. Nachdr. 1992 der 13. Aufl. 1922) als „pyramidaler Bau" bezeichnet.

Der Aufbau des Dramas als Pyramide (Gustav Freytag)

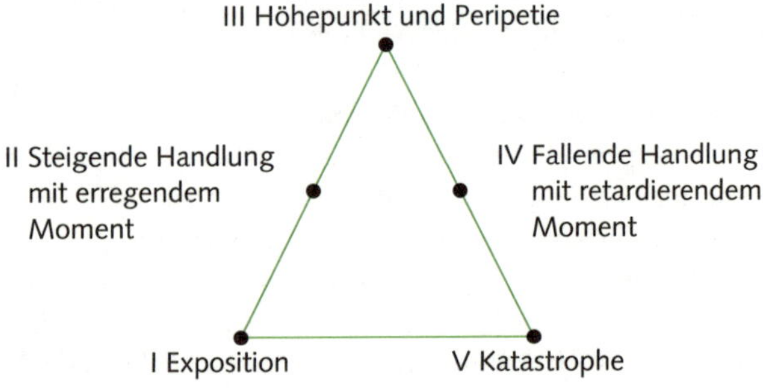

In fünf Phasen entfaltet sich im Verlauf der Handlung die Spannung, welche besonders durch unterschiedlichste Konflikte zwischen den Figuren erzeugt wird.

Die Exposition führt den Zuschauer in Zeit, Ort und Atmosphäre der Handlung ein und thematisiert den Konflikt. Die steigende Handlung, im zweiten Akt verankert, zeigt, wie unterschiedliche Interessen aufeinander prallen, die ersten Konflikte entwickelt oder Intrigen gesponnen werden. Sie baut die Spannung deutlich wahrnehmbar mehr und mehr auf, während im dritten Akt, der Peripetie, die Handlung einen vorläufigen Höhepunkt erreicht und die Voraussetzungen für Sieg oder Niederlage der Figuren geschaffen werden.

Die folgende Phase, die fallende Handlung des vierten Aktes, verzögert das Geschehen zunächst. Der Zuschauer merkt, dass die Handlung auf ein Ende zuläuft, doch soll er sich noch einige Zeit gedulden. Die Spannung kann durch die Verzögerung noch einmal gesteigert werden und wird in den fünften Akt, die Katastrophe, ‚gerettet'. Hier wird der Konflikt gelöst – meist durch Tod, Niederlage oder einen anders gearteten Untergang der Heldenfiguren – im Falle von KABALE UND LIEBE entschied sich Schiller sich für den Gifttod von Luise und Ferdinand.

Der **pyramidiale Aufbau** lässt sich deutlich an KABALE UND LIEBE nachweisen:

- Exposition (I, 1 – I, 6): Die beiden Schauplätze adeliger Hof und bürgerliche Welt werden vorgestellt und der Grundkonflikt, die gefährdete Liebe zwischen Luise und Ferdinand, wird eingeführt.
- Steigende Handlung (I, 7 – III, 3): Der Präsident fordert Ferdinands Heirat mit Lady Milford und nimmt keine Rücksicht auf die wahren Gefühle seinen Sohnes. Der Konflikt steigert sich in Richtung Handlungsumschwung: Der Plan des Präsidenten scheitert und er schmiedet eine neue Kabale mit Wurm, um das Liebespaar Luise und Ferdinand zu trennen.

- Wendepunkt/Peripetie (III, 4 – III, 6): Bruch zwischen dem Liebespaar Ferdinand und Luise, Wurm nutzt die Situation aus und erzwingt einen fingierten Liebesbrief von Luise. Das Schicksal der Helden ist damit vorbestimmt.
- Fallende Handlung (IV, 1 – V, 2): Der Handlungsfortlauf wird verzögert, denn Ferdinand hält Hofmarschall von Kalb für seinen echten Nebenbuhler und Lady Milford beschließt nach dem Gespräch mit Luise, den Hof zu verlassen. Luise fühlt sich bis zuletzt an den Eid gebunden und schweigt zu den wahren Gründen der Kabale.
- Katastrophe (V, 6 – Ende): Ferdinand vergiftet zuerst Luise und dann sich selbst, beide sterben vor den Augen ihrer Väter.

Ein neuer Dramentyp: das bürgerliche Trauerspiel

KABALE UND LIEBE ist ein Paradebeispiel für einen neuen Dramentyp, der seit der Mitte des 18. Jahrhunderts entstanden war und sich in Deutschland immer größerer Beliebtheit erfreute. Die Rede ist vom bürgerlichen Trauerspiel.

Erstes Kennzeichen dieses neuen Typus ist eine Verlagerung des Handlungsortes: Er wurde nun in der häuslich-privaten Atmosphäre angesiedelt. Für die Autoren dieser Stücke war nicht mehr ausschließlich das Leben adliger Figuren, sondern die Sitten, Werte und Probleme der bürgerlichen Bevölkerungsschichten interessant. Hierzu zählten beispielsweise Handwerker, Kaufleute – und in KABALE UND LIEBE auch Musiker.

Der Konflikt: Adel vs. Bürgertum

Während Aristoteles den Zuschauer allgemein durch Furcht und Schrecken beeindrucken wollte, um ihn zu „reinigen“, thematisierte das bürgerliche Trauerspiel einen immer häufiger ins Zentrum rückenden Konflikt zwischen einzelnen gesellschaftlichen Ständen. Adel und Bürgertum prallten in den Stücken mit ihren verschiedenen Werten, Normen und Lebenseinstellungen aufeinander.

Seit Mitte des 18. Jahrhunderts entwickelten sich zwei Prototypen des bürgerlichen Trauerspiels:

Bürgerliches Trauerspiel

Typ 1	Typ 2
Empfindsames Trauerspiel	Ständisch-konfliktbeladenes Trauerspiel
Vertreter: Lessing	*Vertreter:* Lessing, Schiller

Das bürgerliche Trauerspiel entwickelte zwei Strömungen, die sich voneinander deutlich unterschieden: Dem empfindsamen Trauerspiel stand eine ständisch-konfliktbeladene Variante gegenüber.

Der Vorreiter, der Typ 1 salonfähig machte, ist ein weiterer Klassiker der deutschen Literatur – Gotthold Ephraim Lessing. Seine Idee vom Trauerspiel verarbeitete er 1755 in dem Werk MISS SARA SAMPSON. Lessings Idee des bürgerlichen Trauerspiels besteht darin, einen Menschen darzustellen, der die Sitten seines Lebens grundlegend zum Besseren verändert. Diese Veränderung wird erreicht, indem der Mensch auf der Bühne durch Rührung und Mitleid über das eigene Leben reflektiert und es dann verbessert.

Der ‚Vater' des bürgerlichen Trauerspiels ist G. E. Lessing (1729–1781)

Doch nicht nur die Figur auf der Bühne soll durch Mitleid verändert werden – auch den Zuschauer hatte Lessing stets im Blick. Das Mitleid müsse die Seele der Zuschauer derart tief berühren, dass sie darin ihre eigenen Schwächen erkennen und ihre Lebensweise daraufhin verbessern.

Wiederum war es Lessing, der den zweiten Typus des Trauerspiels in seinem Drama EMILIA GALOTTI realisierte. Allerdings gilt bis heute Friedrich Schiller als der Autor, der diese zweite Variante zum Höhepunkt führte: das bürgerliche Trauerspiel, das nicht mehr reine Empfindungen, sondern verstärkt den Konflikt zwischen Bürgertum und Adel thematisiert. Die spielenden Figuren sind sich nicht nur ihrer Hoffnungen und Gefühle sicher, sondern sind gleichzeitig auch Vertreter unterschiedlicher sozialer Stän-

Lessing ist auch der Erfinder des ständisch-konfliktbeladenen Trauerspiels

Kabale und Liebe

ein

bürgerliches Trauerspiel

in fünf Aufzügen

von

Fridrich Schiller.

Kabale und Liebe, Titelblatt der Erstausgabe

de, die klar voneinander abgegrenzt sind. Diese Standesunterschiede sind Auslöser der Konflikte des „ständisch-konfliktbeladenen Trauerspiels“ und waren gleichzeitig dazu geeignet, eine deutliche Kritik an den Zuständen der Gesellschaft zu üben.

Kabale und Liebe wurde von Schiller genau für dieses Anforderungsprofil konstruiert: Der Handlungsort wechselt zwischen dem Saal des Präsidenten am adligen Hof und der bürgerlichen Stube der Familie Miller. **Adliges Standesbewusstsein, bürgerliches Streben nach wirtschaftlichem Erfolg, ständeübergreifende Liebe, eine handfeste Intrige, am Schluss eine Katastrophe mit zwei Toten und dies alles in fünf Akten auf die Freytag'sche Pyramide anwendbar:** Schiller schrieb ein Stück, in dem sich viele Merkmale des Dramentyps „bürgerliches Trauerspiel“ wiederfinden.

Kabale und Liebe ist ein idealtypisches bürgerliches Trauerspiel

Das **bürgerliche Trauerspiel** existierte im 18. Jahrhundert in zwei Varianten:

- Im „empfindsamen Trauerspiel" verändert sich der Mensch, weil seine Gefühle durch Mitleid und Rührung besonders stark angesprochen werden. Gleiches soll auch beim Zuschauer geschehen.
- Das „ständisch-konfliktbeladene Trauerspiel" Kabale und Liebe widmet sich ausführlich auch den sozialen und politischen Problemen des Bürgertums und zeigt deutlich, wie unterschiedlich und konfliktreich dessen Auseinandersetzungen mit dem Adel sein können.

4 Analyse zentraler Textstellen

4.1 Der Musikant und die „infame Kupplerin" – das Bürgertum in KABALE UND LIEBE (I, 1)

Die Eingangsszene als Exposition des Dramas

Die Eingangsszene ist aus verschiedenen Gründen von besonderer Bedeutung. Zunächst zeigt sie, dass Schiller mit KABALE UND LIEBE den Dramentyp des „bürgerlichen Trauerspiels“ aufgreift.

Die Szene spielt im Haus des Musikers Miller. Nicht etwa ein Hof und seine adligen Bewohner stehen im Mittelpunkt, sondern die privaten Probleme einer bürgerlichen Familie.

Millers Wertvorstellungen

Die Sorge ist allgegenwärtig und Miller lässt keinen Zweifel daran, wer der Herr im Haus ist, denn sein Geschäft und seine Tochter sind in Gefahr. Mit seiner Frau spricht er nur sehr derbe und gefühllos: Er nennt sie eine „infame Kupplerin“ (109 f.). Überhaupt hat er gegenüber dem weiblichen Geschlecht seine festen Ansichten – Intelligenz spiele gegenüber den körperlichen Reizen keine Rolle, denn „[u]nterm Dach mag's aussehen, wie's will. Darüber kuckt man bei euch Weibsleuten weg, wenn's nur der liebe Gott parterre nicht hat fehlen lassen“ (61 ff.).

Auch über Ferdinand, obwohl noch gar nicht ins Geschehen eingreifend, hat Miller bereits ein Urteil gesprochen: Echte Liebe zu Luise könne ihn wohl kaum bewegen. Vielmehr glaubt er in Ferdinand einen jungen Mann zu erkennen, der lediglich ein sexuelles Abenteuer sucht – „Mensch ist Mensch. Das muß ich wissen“ (68 f.).

Die Szene zeigt sämtliche Facetten einer kleinbürgerlichen Existenz und deren Menschenbild des 18. Jahrhunderts auf: Miller baut zunächst auf solide Werte wie sein Handwerk und seine väterliche Autorität, die ihm die Führung und Entscheidungskraft über den Haushalt der Familie erlauben. Sein Handwerk und sein Name machen ihn stolz – dies betont er mit dem letzten Satz der Szene demonstrativ: „Ich heiße Miller" (135).

Gott ist für Miller eine Autorität, die nicht infrage gestellt wird

Eine Instanz spielt im Leben und Denken der Familie die entscheidende Rolle: Gott. Allein zu ihm schaut Miller auf. Allein gegenüber seiner Autorität gibt Miller sich demütig. So ärgert er sich besonders, dass „die Handvoll Christentum" (92 f.), die er seiner Tochter bei ihrer Erziehung mitzugeben versuchte, durch ein sexuelles Abenteuer – „einen Gruß an das liebe Fleisch" (75 f.) – verdorben werden könnte.

„Bellatristen" sind ‚Belletristen' (frz.), also Schriftsteller von Belletristik

Neuerungen steht er skeptisch gegenüber: Das gilt für die Bücher aus der „Pestilenzküche der Bellatristen" (88), von denen er glaubt, sie setzten Luise „Teufelsgezeug in den Kopf" (93 f.), und für den neuen Verehrer ihre Tochter. Dieser stört den bisherigen ruhigen Lebensverlauf der Familie: „Ich hab mich satt gefressen und immer ein gutes Hemd auf dem Leib gehabt, eh so ein vertrackter Tausendsassa meine Stube geschmeckt hat" (117 ff.).

Miller vertritt neben Werten wie Gottesfürchtigkeit und Wahrung der Sitten auch den Anspruch auf materiellen Wohlstand

Insgesamt begegnen wir also einem Vertreter eines selbstbewussten Bürgertums. Neben traditionellen Werten, die Miller wichtig sind, wird bald aber auch deutlich, dass außerdem das finanzielle Einkommen eine wichtige Rolle spielt. Denn nicht nur das moralische Verderben seiner Tochter und der familiären Sitten fürchtet er, sondern auch das Geschwätz der örtlichen Gesellschaft und ein möglicher Schaden seines guten Rufes. Besonders deutlich wird dies bei Millers Frau, die sich einen materiellen Vorteil aus einer Verbindung Luises mit Ferdinand ausrechnet.

Problematisch wird die Beziehung zwischen Luise und Ferdinand nicht nur, weil es sich um eine ständeübergreifende Affäre handelt, sondern auch, weil das Bürgertum, welches sich im 18. Jahrhundert herausbildete, selbstbewusst auf Sicherung seiner wirtschaftlichen Grundlagen achtete. Besitzstandswahrung ist das Schlagwort der Stunde.

Die **Eingangsszene** wirkt wie ein Porträt des Bürgertums und seiner Probleme:

- Neben den familiären Problemen um seine Tochter muss Miller den Ruf seines Hauses und damit seines Einkommens fürchten.
- Er vertritt traditionelle Positionen wie ein patriarcharlisches Familienbild und steht Veränderungen in seiner Familie wie im Leben überhaupt grundsätzlich pessimistisch gegenüber.
- Auch die Emotionen seiner Tochter ändern nichts an seiner Haltung – eine Beziehung zwischen Bürgerstochter und dem Adligen ist für ihn keine ernsthafte Option.
- Gleichzeitig wird bürgerliches Selbstbewusstsein demonstriert: Stolz blickt Miller auf seinen Lebensweg zurück, der ihm und seiner Familie bisher ein ordentliches Auskommen sicherte.

Szene aus der Verfilmung KABALE UND LIEBE von 2005 mit Paula Kalenberg als Luise Millerin und August Diehl als Ferdinand von Walter

4.2 „Mein Herz brannte nach einem Herzen" – die Adlige Lady Milford als Opfer des höfischen Systems (II, 3)

Die rein adlig besetzte Szene II, 3 stellt das erste Aufeinandertreffen von Ferdinand mit Lady Milford dar. Steht zunächst noch die vom Präsidenten geplante Hochzeit der beiden im Vordergrund, so verliert dieses bevorstehende Ereignis im Szenenverlauf an Gewicht. **Umso mehr wird die Politik des Fürsten, sein Hof und das an ihm lebende Personal sowie die Verzweiflung Lady Milfords thematisiert und von Schiller nach und nach entfaltet.**

Eine zitternde und „entfärbte" Milford (1121) empfängt „unter merkbarem Herzklopfen" (1115) den jungen Major. Doch dieser hat nichts anderes im Sinn, als die Britin barsch zurückzuweisen und den Besuch so kurz wie möglich zu halten. So betont er, dass es sich keinesfalls um eine freiwillige Hochzeit handele, und beleidigt den Nationalstolz Lady Milfords. Auch macht er klar, welche Dinge er in seinem Leben für wichtig hält: Er spreche nur „die Sprache meines Herzens – meines Wappens – und dieses Degens" (1148 f.).

Ferdinand ist in erster Linie emotional veranlagt

Die Herz-Metapher verdeutlicht Ferdinands Standpunkt: Nicht sein Vater oder andere Autoritäten scheinen einen Einfluss auf ihn zu haben. Allein sein Gefühl der Liebe zu Luise leitet ihn bei seinen Entscheidungen. Trotzdem erwähnt er auch das Familienwappen und den Degen.

Es wird deutlich, dass Ferdinand trotz seiner Bestrebungen, unabhängig von anderen Menschen zu sein, nach wie vor an Symbolen seiner Ehre hängt. Das Wappen steht hier für die Traditionen der Familie und seiner Herkunft, während der Degen, wie Ferdinand betont, vom „Staat" und nicht vom Fürsten vergeben wurde.

Ferdinand dient somit nicht in erster Linie dem Fürsten, sondern dem Staat, der die Aufgabe hat, das Zusammenleben seiner Bürger zu organisieren, egal, in welchen Stand sie hineingeboren wurden. „Kann der Herzog Gesetze der Menschheit verdrehen […]?“ (1155 f.) fragt Ferdinand und kritisiert eine Politik, die ihre Fehler mit Prunk zu überspielen versucht.

Kritik an willkürlicher Herrschaft wird geübt

Statt einer Eskalation des Gespräches erreicht Ferdinand ungewollt das Gegenteil: Lady Milford entpuppt sich als besonders sensible Gesprächspartnerin. Kurzerhand offenbart sie ihm ihre konfliktreiche Vergangenheit, in der sie als junge, englische Adlige in großer Not an den Hof des deutschen Fürsten kam. Trotz des prunkvollen Rahmens fristete sie nur ein nebensächliches Dasein als Geliebte des Fürsten. Eines bekam sie jedoch nie – echte Zuneigung und Liebe. Gegenüber Ferdinand bekennt sie: „Mein Herz brannte nach einem Herzen“ (1257 f.).

In dieser gedemütigten Lage fand Milford nur eine Möglichkeit der Selbstbestätigung: Ihre intimen Verbindungen mit dem Fürsten nutzte sie, um in politische Entscheidungen einzugreifen und den Herrscher zu beeinflussen: „Ich nahm dem Tyrannen den Zügel ab“ (1293 f.), rühmt sie sich und betont, „ich habe Kerker gesprengt – habe Todesurteile zerrissen und manche entsetzliche Ewigkeit auf Galeeren verkürzt“ (1301 ff.). Erst dieser Einfluss auf den Fürsten brachte Lady Milford Selbstbestätigung und das Gefühl, am Hof etwas wert zu sein und eine Aufgabe zu haben. Die Hochzeit mit Ferdinand sollte der letzte Schritt aus dem alten sündigen Leben einer sexuellen Gespielin hin zu einem Leben einer Geläuterten in Tugendhaftigkeit sein.

Lady Milfords Suche nach Achtung und Selbstbestätigung

Der Szene können mehrere Funktionen im Stück zugewiesen werden.

- Einerseits zeigt Schiller, dass das kalte und berechnende höfische System der Kabalen und gegenseitigen Abhängigkeiten nicht durch vernünftige Argumente oder Mitgefühl zu menschenfreundlichen Entscheidungen

Schiller entlarvt hier das höfische System der Intrigen

gelangen kann, sondern, wie im Fall des Fürsten, Menschen und ihre Bedürfnisse und Notlagen wie eine Ware behandelt und für die eigenen Zwecke skrupellos ausnutzt. Das Dilemma Lady Milfords mutet paradox an: Unfähig, am Hof ein moralisches Leben zu führen, kann sie erst durch ihr unmoralisches Handeln als Geliebte des Fürsten die Rettung, also moralisch gute Taten vollbringen und menschliche Schicksale zum Guten verändern.

- **Daneben offenbart die Szene, die neben der Kammerdiener-Szene die wohl politischste des Stückes ist, auch Einblicke in Schillers politische Ansichten.** Mit Ferdinand hat er aber keine revolutionäre Figur geschaffen: Dieser kritisiert zwar den Zustand des Adels und die von ihm getragene Herrschaft, doch wird die ständische Gesellschaftsordnung nie grundsätzlich in Frage gestellt. Weiterhin fühlt er sich deren Symbolen wie Wappen oder Degen verpflichtet. **Schiller lässt mit Ferdinand eine Figur im Stück agieren, die keine Abschaffung, sondern eine deutliche Verbesserung des alten ständischen Systems im Sinn hat.**

In der **Szene II, 3** wird die Kritik an den politischen Zuständen fürstlicher Herrschaft im ganzen Stück am lautesten geäußert:

- Ferdinand und Lady Milford sind vom höfischen System enttäuscht.
- Ferdinand spricht die „Sprache des Herzens" und lehnt damit eine Hochzeit aus machtpolitischem Kalkül ab.
- Der Unterschied zwischen Ferdinand und seinem Vater wird deutlich: Während der Präsident ausschließlich machtpolitisch denkt und handelt, zeigt sich Ferdinand als Querdenker, der nach eigenen Maßstäben handeln will – aber kein Revolutionär ist.
- Lady Milford leidet unter den unmenschlichen und intriganten Zuständen am Hof. Sie offenbart Ferdinand ihre Vergangenheit, die sie zur Flucht an den Hof zwang und in die Rolle der herzöglichen Geliebten drängte.

4.3 „Ich kenne das gute Herz auf und nieder" – am Hof wird eine neue Kabale geschmiedet (III, 1)

Die Szene im Saal beim Präsidenten, die ein Gespräch zwischen Ferdinands Vater und Wurm beinhaltet, bildet im Gesamtkontext des Dramas das Gegenstück zur Einstiegsszene des Stückes. Während in Letzterer (siehe auch Kap. 4.1) die Wertvorstellungen, das Denken und das Selbstverständnis des Bürgertums durch die Musikantenfamilie Miller von Schiller thematisiert werden, entlarvt er in dieser Szene das berechnende, egoistische und menschenverachtende Denken des Hofes.

Der Präsident ist berechnend und rational

Der Präsident muss vorerst sein Scheitern eingestehen, denn sein Plan schlug fehl. Es wird deutlich, in welchen Kategorien der Präsident denkt und plant: „Ich urteilte so: Wenn das Mädchen beschimpft wird, muß er, als Offizier, zurücktreten" (1776 f.). Es klingt beinahe wie ein ‚Wenn-dann-Gesetz' aus der Mathematik, mit dem der Präsident die erhoffte Reaktion seines Sohnes kalkuliert. Er scheint völlig zu vergessen, wie Ferdinand als Mensch denkt und fühlt.

Wurm setzt für die Intrige Psychologie ein

Sein Gegenüber Wurm ist darüber aber bestens im Bilde: Während der Präsident im nachhinein glaubt, mit noch mehr Druck mehr Erfolg erzielen zu können, geht Wurm subtiler vor und setzt bei Ferdinands Psychologie an: Er weiß von dessen „gereizte[r] Leidenschaft" (1784 f.), von seinem jungen und „feurig[en]" Wesen (1794) und von der „Wunde" (1800), die Ferdinands besondere Schwachstelle ist. Unterstützt durch die Wunden-Metapher wird deutlich: Die Persönlichkeit des adligen Ferdinand will so gar nicht an den Hof passen und lebt nach ganz eigenen Maßstäben.

Wurm versteht das Spiel der „biegsamen Hofkunst" (1822) und er erkennt, dass ausschließlich mit Gewalt keine erfolgreiche Intrige zu schmieden ist. Es bedarf auch der List, also das Ausnutzen menschlicher Schwächen, in diesem Fall Ferdinands unbändigen Temperaments. Dieses Temperament macht Ferdinand für Wurm, der selbst dem Bürgertum entstammt, durchschaubar „auf dem Barometer der Seele“ (1845 f.) und damit besonders angreifbar.

Unterschiedliche Wertvorstellungen bei Adel und Bürgertum werden deutlich

Offensichtlicher werden die Unterschiede zwischen Bürgertum und Adel in Bezug auf Werte. Auf die Frage des Präsidenten, was Wurm so sicher mache, dass Luise über die Hintergründe des falschen Briefes auch wirklich schweigt, erwidert der Sekretär, ein einfacher mündlicher Eid genüge. Während der Präsident diese Form der Absprache aus seiner höfischen Perspektive für völlig unbrauchbar hält, weiß Wurm es besser, denn bei „dieser Menschenart“ (1916 f.) – dem Bürgertum – bedeute sie alles.

Die Eigenheiten des Bürgertums und die von Ferdinand werden in der neuen Kabale auf- und angegriffen – mehr noch: Sie sind überhaupt erst die Voraussetzung für eine gelingende Intrige.

Not macht erfinderisch – in der **Szene III, I** gilt dies besonders für die Planung einer neuen Intrige:

- Der Plan des Präsidenten, allein mit Autorität und Gewalt gegen das Liebespaar vorzugehen, ist gescheitert. Die Stunde des Sekretärs Wurm ist gekommen.
- Seine Herkunft begünstigt Wurms Intrigenspiel: Zu gut weiß er, welche Werte dem Bürgertum wichtig sind, und so kann er sich sicher sein, dass Luise die Hintergründe des fingierten Liebesbriefes, den Wurm von ihr erpressen wird, durch ihren Eid nicht zu verraten wagt.

4.4 „Schlange, du lügst." – Ferdinands Bruch mit Luise (III, 4)

Noch nicht um die Umstände der kommenden Kabale wissend, aber unter dem Druck der beiden Väter leidend, treffen Luise und Ferdinand im Haus der Familie Miller aufeinander. Die Szene verdeutlicht, wie unterschiedlich die Liebenden auf den äußeren Druck reagieren und wie leicht eine Stimmung, die zuvor von Vertrauen und Zuneigung geprägt war, umschlagen kann.

Ferdinand ist nach wie vor in Aufregung: „Wut und Verzweiflung" (2151) über die Dreistigkeit seines Vaters haben ihn in Rage gebracht. Er ist in eine Grenzsituation geraten und sieht sich in die Ecke gedrängt: Angestachelt von seinem Vater und einzig und allein der Liebe zu Luise verpflichtet, schiebt er alles, was nichts mit seiner Angebeteten zu tun hat, beiseite: „Mein Vaterland ist, wo mich Luise liebt" (2169 f.). Seine Familie oder andere Verpflichtungen im Militär, in der Politik oder am Hof des Fürsten spielen nur noch eine untergeordnete Rolle. Die Liebe erreicht für ihn den Rang eines Gesetzes. Dem politischen Absolutismus, welchem sein Vater am Fürstenhof dient, setzt Ferdinand eine Art ‚Absolutismus der Liebe' entgegen. Statt eine Lösung des Problems zu entwickeln, plant er die Flucht mit Luise und ihrem Vater.

Ferdinands ‚Absolutismus der Liebe' und die Negierung seiner Pflichten

Statt Pflichten in seinem Leben zu erkennen, wie zum Beispiel eine Mitverantwortung für das Wohl Luises, will er den großen Gegenschlag. Ein Rückzug kommt für ihn nicht in Frage. Genau an dieser Stelle unterscheidet er sich grundsätzlich von Luise: „Ich bitte dich, hör auf. Ich glaube an keine glückliche Tage mehr" (2144 f.). Sie hat den Mut verloren und sucht nach einer Lösung, die eine sichere Zukunft garantieren könnte. Eine Sicherung der Beziehung zu Ferdinand, die auf einem Verbrechen beruht, ist für sie unvorstellbar: „Wenn nur ein Frevel dich mir erhalten kann, so hab ich doch Stärke, dich zu verlieren“ (2002 ff.). Gerade mit ihrer christlichen Erziehung wäre eine solche Beziehung nicht zu vereinbaren und so mobilisiert sie in dieser schweren Situation doch genug Stärke, um Ferdinand zurückzuweisen.

Luises Rückzug und Resignation: Bleiben und Dulden

Auch scheint sie über einen größeren Realitätssinn als Ferdinand zu verfügen. Sie hat erkannt, dass ihr Versuch einer ständeübergreifenden Liebe zu Ferdinand utopisch und unerfüllbar ist, denn „dein Herz gehört [s]einem Stande“ (2221). Spät, vielleicht zu spät spürt sie die Sprengkraft, die eine solche Beziehung auf die „ewige Ordnung“ (2210 f.) der ständischen Gesellschaft ausüben kann. Am Ende dieser Phase der Reflexion über ihre Zukunft steht das Fazit: „Meine Pflicht heißt mich bleiben und dulden“ (2250 f.). Sie setzt ihren eigenen Bedürfnissen Grenzen, um eine Eskalation des Konfliktes um ihre Beziehung zu verhindern und reduziert ihre individuellen Ansprüche auf ein einfaches aber tugendhaftes Leben.

Ferdinands Intoleranz gegenüber Luises Entscheidung

Diese wichtige private Entscheidung von Luise wird von Ferdinand jedoch nicht respektiert und Schiller lässt dies in der Antithese gipfeln: „Kalte Pflicht gegen feurige Liebe!“ (2257) Vielmehr fühlt er, der den kühnen Fluchtplan ausgeheckt hatte, sich hintergangen. Er sucht die Konfrontation. Statt Einfühlungsvermögen in Luises Situation zu beweisen, reagiert er mit Eifersucht und Aggressivität. Diese Blindheit für fremde Gefühle wird am Schluss im Tod des Liebespaares enden.

Die **Szene III, 4** zeigt den Bruch Ferdinands mit der ihm verdächtig gewordenen Luise:

- Ferdinand sieht aus dem Dilemma nur noch einen Ausweg – die gemeinsame Flucht mit Luise und ihrem Vater.
- Luise ist anderer Ansicht: Sie erkennt die Grenzen, die ihre Standeszugehörigkeit ihrer Liebe setzt, und lehnt den Fluchtplan ab.
- Es wird deutlich, wie sehr Luises Denken ihrer bürgerlichen Herkunft und Erziehung verpflichtet ist: Ihre Angst besteht darin, durch eine standesübergreifende Beziehung die Welt aus den Fugen geraten zu lassen.
- Ferdinand kann mit dieser Sicht der Welt nichts anfangen und unterstellt Luise Hintergedanken: „Dich fesselt was anders hier“, stellt er am Schluss einer Szene fest, in der die Stimmung zwischen den Liebenden vollständig kippt.

4.5 Die Ohnmacht der Macht – Lady Milfords ‚Bekehrung' zum tugendhaften Leben (IV, 7)

Die Szene, in der die beiden zentralen Frauenfiguren des Dramas aufeinander treffen, ist ein gutes Beispiel für einen Dialog, dessen Stimmung im fortschreitenden Verlauf umschlägt. **Diese Szene zeigt auch, dass eine Figur ihre anfangs vertretene Position verlässt und am Szenenende völlig neue Ansichten vertritt.**

Lady Milford und Luise – zwei Frauen aus zwei verschiedenen Welten

Deutlich sind die unterschiedlichen sozialen Herkünfte beider Frauen zu spüren: Die adlige Britin Milford und die bürgerliche Musikertochter Luise trennen zu Gesprächsbeginn im prächtigen Saal noch Welten und die Gastgeberin empfängt die „arme Geigerstochter“ (2871 f.) mit dem „Trotzkopf“ (2881). Um diese Distanz aufrechtzuerhalten, bietet Milford Luise eine Stelle als Kammerjungfer an. Alles soll unverändert bleiben – die sozialen Grenzen sollen aufrechterhalten und Luise in die untergebene Rolle als Dienerin gedrängt werden. Außerdem spielt sie Luises hübsches Äußeres als bloße Fassade und „dünne[n] angeflogener Goldschaum“ (2922 f.) herunter.

Doch Luise lässt sich nicht provozieren: Sie hat sich seit

Luises neues Selbstbewusstsein und ihr Bekenntnis zu ihrem Stand

Beginn des Stückes verändert und entwickelt und begnügt sich nicht mit harmloser Höflichkeit. Mit wachsendem Selbstbewusstsein tritt sie Lady Milford entgegen und durchschaut, dass Milfords aufwändiger Lebensstil nur eine Maske ist, um ihre Unzufriedenheit zu überspielen.

Auch in den Regieanweisungen Schillers wird Luises Souveränität unterstützt, da er sie „gelassen und edel" (2986) sprechen lässt. „Ernsthaft" fragt sie, was Lady Milford überhaupt dazu berechtige, „sich zur Schöpferin" (2999) ihres Glücks machen, und wehrt sich gegen das anmaßende Verhalten der Adligen.

Luise erkennt, dass ihre Kontrahentin die sozialen Unterschiede nur als ‚Folie' benötigt, um durch den direkten Vergleich der unterschiedlichen Lebensumstände die fehlende Selbstbestätigung zu erlangen. „Sind Sie glücklich, Mylady?" (3020), fragt Luise und weiß genau, dass sie die Milford an ihrer schwächsten Stelle trifft.

Gekränkt und gereizt reagiert Lady Milford. Wiederum greift sie auf die Überlegenheit ihrer sozialen Situation zurück und bedroht Luise: „Ich bin mächtig, Unglückliche – fürchterlich – so wahr Gott lebt! du bist verloren!" (3046 f.) Doch Milfords Widerstand ist gebrochen: Obwohl sie, die als Geliebte des Fürsten eine regelmäßige unmittelbare Nähe zur politischen Macht genießt und dem privilegierten Stand angehört, spürt sie gegenüber Luise eine bedrückende Ohnmacht. **Schmerzhaft zeigt Schiller am Beispiel der Lady Milford, dass alle politische und finanzielle Macht menschliche Bedürfnisse nicht ersetzen kann.**

Lady Milfords Reflexion und ihre Entscheidung für ein neues Leben

Dies wird Milford aber erst jetzt im Kampf um Ferdinand mit einer Bürgerlichen, die eigentlich keine ernsthafte Gegnerin sein sollte, bewusst. Sie kann nicht erreichen, dass Luise ihr Ferdinand abtritt. „Freiwillig tret ich Ihnen ab den Mann, den man mit Haken der Hölle von meinem blutenden Herzen riß“ (3086 ff.). Kampflos überlässt Luise ihr den Geliebten und verlässt den Saal.

Die gewandelte Lady Milford: Verzicht als Stärke

Im folgenden Monolog reflektiert Milford die neue Situation und beschließt: „Auch ich habe Kraft, zu entsagen“ (3128). Sie nimmt sich Luise zum Vorbild und erkennt im Verzicht eine Möglichkeit der Selbstbestätigung und Zufriedenheit eines Menschen. Mit dieser Einsicht muss sie jedoch auch die Konsequenzen für ihre Zukunft ziehen: „Zerbrochen alle Bande zwischen mir und dem Herzog […]“ (3136 f.). Sie schafft es, sich dem System zu entziehen und ist erleichtert: „Wie ich auf einmal so leicht! so gehoben mich fühle!“ (3140 f.). Ein Abschiedsbrief besiegelt ihre Entscheidung. Sie folgt dem Vorbild der bürgerlichen Luise und sieht ihre Zukunft in einem tugendhaften Leben.

Die Figur der Lady Milford vollzieht in der **Szene IV, 7** einen vollständigen Wandel:

- Die Demütigung in einem sinnlosen Leben am Hof wird ihr gerade durch das Gegenbild Luise vor Augen geführt.
- Lady Milford erkennt ihre missliche Lage nicht nur, sondern zieht auch die Konsequenzen: Frustriert von ihrem bisherigen Leben am Hof, beschließt sie den Abschied vom Herzog.

4.6 Zwischen Todessehnsucht und Existenzangst – Miller und Luise (V, 1)

Die Eingangsszene des Schlussaktes bildet den Auftakt zur nahenden Katastrophe – dem Tod Luises und Ferdinands.

Luises Todesstimmung

In Luises Worten drückt sich völlige Hoffnungslosigkeit aus, sie sind von Todesmetaphorik geprägt: Wenn es ganz „schwarz“ (3291) um sie herum ist, fühle sie sich besonders wohl, sie fürchtet sich nicht vor dem „schwarze[n] Ungeheuer Verwesung“ (3304) und die Buchstaben ihres Abschiedsbriefes „liegen wie kalte Leichname da“ (3228 f.). Der Tod hat für sie keinen Schrecken mehr – im Gegenteil. Sie belegt ihn sogar mit der Allegorie des „holde[n], niedliche[n] Knabe[n]" (3372).

Luises Sprache macht eines deutlich: Sie hat jede Hoffnung auf eine glückliche Zukunft aufgegeben. Wie sehr sie durch die Situation angegriffen ist, wird dadurch deutlich, dass sie die bisherigen Grundsätze ihrer religiösen Erziehung aufgibt. Obwohl ihr christlicher Glaube es verbietet, sieht sie den Selbstmord als letzten Ausweg, denn zu sehr engen die gesellschaftlichen Schranken und der aus diesen erwachsene Druck sie ein. Sie will „eine Gesellschaft räumen, wo ich nicht wohl gelitten bin" (3381 f.). Nicht dem Glauben, sondern ihrer Familie fühlt sie sich nach wie vor verpflichtet, doch verbietet ihr der Eid Geständnisse.

Wurms Kalkül (aus Szene III, 1) geht auf – Luise wagt den Eidbruch nicht

Ihr gegenüber steht der nicht weniger verzweifelte Vater. Im Gegensatz zu Luise bleibt er in christlichen Grundsätzen verhaftet. Die Schwierigkeiten um Luise deutet er als göttliche Strafe und wagt nicht, sich gegen sie aufzulehnen. Zaghaft bemerkt er: „Die Strafe ist hart. Himmlischer Vater, hart! Ich will nicht murren, himmlischer Vater, aber die Strafe ist hart" (3283 ff.).

Doch neben der Macht Gottes sieht Miller im möglichen Selbstmord seiner Tochter noch ganz andere Probleme. „Du hast mich tief gebeugt" (3401), hält er Luise vor und ahnt bereits seinen finanziellen Ruin nach Luises Tod: „Auch ich hab alles zu verlieren" (3409). Er setzt sie heftig unter Druck und schreckt nicht davor zurück, seiner sensiblen und suizidgefährdeten Tochter die rhetorische Frage zu stellen: „Wirst du dich mit dem Hab und Gut deines Vaters auf und davon machen?" (3414 f.). Miller stellt sie am Schluss vor die scheinheilige Wahl: „Wenn die Küsse deines Majors heißer brennen als die Tränen deines Vaters – stirb!" (3463 f.)

Miller sorgt sich um seine finanzielle Absicherung

Im Vergleich dazu tritt seine väterliche Liebe, die er ihr gesteht, als er Luise als „Abgott" (3406) seines Lebens bezeichnet, in den Hintergrund.

Schiller weist dieser Szene unterschiedliche Funktionen zu. Einerseits leitet sie die Dramenphase der Katastrophe ein. Außerdem gibt Schiller einen letzten Einblick in das Denken des Bürgertums. Dieses war in der Eingangsszene des Dramas (vgl. Kapitel 4.1) bereits in Grundzügen als neuer Stand beschrieben worden, der neben eigenen Werten auch seinen neuen wirtschaftlichen Wohlstand verteidigen möchte. Genau diese Punkte werden auch in dieser Szene offensichtlich: Selbst als seine Tochter ihm mitteilt, Selbstmord begehen zu wollen, kann Miller nicht aus seinem traditionellen und auf kirchliche Vorgaben beschränkten Denken ausbrechen. Er unterscheidet sich damit von Lady Milford, welche nach dem Gespräch mit Luise in Szene IV, 7 eine Kehrtwende für ihr Leben beschlossen hatte. So werden die handfesten materiellen Ansprüche des Bürgertums kritisch dargestellt, indem Miller seine Tochter nicht in erster Linie mit emotionalen und rationalen Argumenten umzustimmen versucht, sondern auf seinen finanziellen Ruin hinweist.

Vgl. den pyramidalen Aufbau des Dramas ➤ S. 40

Mehr über Szene IV, 7 ➤ siehe Kapitel 4.5

Bei aller Kritik, die Schiller in KABALE UND LIEBE am Adel und seinem sittenlosen und intrigenreichen Leben am Hof übt, wird klar, dass er das Bürgertum nicht als strahlend-positiven Gegenentwurf zum Adel darstellt. Auch Miller, dessen Gedanken allein zwischen Glauben und Geld pendeln, trägt nichts zur Lösung des Konflikts bei.

Dem pyramidalen Dramenmodell (nach Freytag) entsprechend, leitet die **Szene V, 1** die Katastrophe der Handlung ein:

- Auf Luises Selbstmordabsichten reagiert Miller geschockt, doch treibt ihn nicht nur die Sorge um das Wohl der Tochter.
- Wie in der Eingangsszene des Stückes ist Miller durch einen drohenden wirtschaftlichen Ruin beunruhigt.
- Schiller setzt dem intriganten, egoistischen und geldgierigen Adel kein bescheidenes, tugendhaftes und vernünftiges Bürgertum gegenüber. Das Bürgertum ist in dem Drama keine echte Alternative.

5 Abituraufgaben mit Lösungsvorschlägen

In diesem Kapitel werden vier Aufgabentypen vorgestellt, die auf KABALE UND LIEBE im Abitur vorbereiten und unterschiedliche Anforderungen an Sie stellen. Im Anschluss an jede Aufgabe wird jeweils ein Erwartungshorizont angeführt. Dieser ist zweigeteilt: Die **Mindestanforderungen** stehen für eine ausreichende Leistung (ab 5 Punkten), die **darüber hinausgehenden Erwartungen** decken die obere Notenskala ab (‚gut'). Bei diesen Lösungsvorschlägen handelt es sich um Denkanstöße und Ansätze, die sorgfältig ausformuliert und mit Textstellen belegt werden müssen.

Es gibt keine allgemeingültigen, sondern nur subjektive Lösungen

5.1 Analyse der Szene III, 4 (textimmanente Aufgabe)

Aufgabenstellung

Analysieren Sie die Szene III, 4 und erörtern Sie dabei die Intention der unterschiedlichen Charakterzeichnung des Liebespaares.

Operatoren sind Imperative, die eindeutig den Arbeitsauftrag signalisieren

Operatoren: „Analysieren Sie", „Erörtern Sie"

Was wird erwartet? Diese Aufgabe orientiert sich an der klassischen Aufgabenstellung einer Dramenszenenanalyse. Die Ihnen aus dem Unterricht bekannten Arbeitsschritte zur Untersuchung von Inhalt, Sprache und Figurenkonstellation (analysieren) sowie die abschließende Bestimmung der Autorenintention (erörtern) müssen Sie bei diesem Aufgabentyp anwenden.

Mindestanforderungen

Gefordert sind hier alle Arbeitsschritte, die zur Analyse einer Dramenszene gehören.

Analyse
- des Inhaltes
- der Figuren
- der Sprache

Inhaltsanalyse

- Das Gespräch zwischen Ferdinand und Luise lässt sich in drei Phasen einteilen: Nach einer euphorischen Liebesbeteuerung Ferdinands (I) bremst Luise seinen Optimismus mit ihrem Entschluss, sich gegen die bestehende Ordnung nicht aufzulehnen und mit ihm fliehen zu wollen (II). Am Schluss steht Ferdinands Verdacht des Betruges (III).
- Herauszuarbeiten ist neben der reinen Aufteilung in Phasen auch der Stimmungsumschwung im Gesprächsverlauf in dieser Szene.

Stimmungswechsel im Verlauf der Szene III, 4

Figurenanalyse

- Wie ist das Verhältnis der Figuren zueinander (Figurenkonstellation)? Zu Beginn der Szene ist ein emotional eng verbundenes Liebespaar zu sehen, doch am Ende ist das Verhältnis der Figuren durch den Verdacht von Ferdinand stark belastet. Die Konstellation steht unter dem großen äußeren Druck der Familien, die die Beziehung des Paares unterbinden wollen.
- Die Redeanteile beider Figuren sind nicht gleich verteilt: Ferdinand, beflügelt durch seine Gefühle, dominiert das Gespräch. Seine Aussagen gipfeln im Fluchtvorschlag.
- Den Figuren sind unterschiedliche Werte und Einstellungen zugeordnet. Die Charakterisierung der Figuren ergibt:

Ferdinand hat den größeren Redeanteil in III, 4

Luise	Ferdinand
▪ von dem Druck der Gesellschaft beeindruckt ▪ akzeptiert die gesellschaftlichen Schranken zwischen den Ständen ▪ Zurücknahme der eigenen Bedürfnisse: reduziert sich auf „bleiben und dulden"	▪ von Liebe zu Luise getragen und angespornt ▪ akzeptiert keine alten Autoritäten und Vorschriften mehr ▪ die eigenen Gefühle werden als unantastbar vorausgesetzt („absolut")

Wie argumentieren die Sprecher? Ist eine Strategie erkennbar?

- Zu untersuchen ist außerdem die Argumentationsstrategie der Sprecher. Wie versuchen Ferdinand und Luise einander zu überzeugen? Ferdinand versucht dies durch die Bekräftigung seiner Absicht, keine Grenzen mehr akzeptieren zu wollen: „Mein Vaterland ist, wo Luise mich liebt." Er streift seine Herkunft damit ab und macht Luise klar, dass seine Handlungen allein auf sie ausgerichtet sind. Auch spricht er Luises Familiensinn an, indem er ihr in Aussicht stellt, auf der Flucht von ihrem geliebten Vater begleitet zu werden.
  Luise dagegen versucht, Ferdinand durch die Offenbarung ihrer Angst und Hoffnungslosigkeit zu überzeugen. Sie wird von der Angst getrieben, die feste Ordnung der Stände zu sprengen und befürchtet, die Konsequenzen ihres Aufbegehrens tragen zu müssen.

Sprachanalyse

Beide Figuren benutzen eine unterschiedliche Sprache

- Gerade die emotionalen Worte von Ferdinand sind immer wieder geprägt von sprachlichen Besonderheiten: Beim Überzeugungsversuch Luises greift er häufig auf rhetorische Fragen zurück („Liegt nicht in diesem Zirkel der ganze Himmel?", „Haben wir an die Welt keine Forderung mehr, warum denn ihren Beifall erbetteln?", „Werden wir die Stadt der Prächte vermissen?").

- Ferdinand benutzt regelmäßig Metaphern (das „schwarze Geheimnis einer Mordtat“) oder Personifikationen („der Mond predigt uns Buße“).
- Auch Luise versucht, ihren Standpunkt durch die Verwendung sprachlicher Mittel zu stützen. So spricht sie von den „Fugen der Bürgerwelt“, der „stürzenden ewigen Ordnung“ oder von ihrem Versuch, Ferdinand zu lieben, was sie mit „Kirchenraub“ vergleicht. Ihre Wortwahl deckt sich mit ihrer Stimmung. Häufig spricht sie von „Opfern“, von „Fassung“, von „Hoffnung“, von „Pflicht“, von „Grenzen“ oder von „entsetzlichen Gedanken“.

Die Sprache beider Figuren passt zu ihren Empfindungen

Darüber hinausgehende Anforderungen

Neben diesen ‚klassischen‘ Bestandteilen einer Dramenszenenanalyse können Sie im Bereich der Zusatzanforderungen besonders auf Schillers Aussagen hinweisen. Denn am Schluss aller Untersuchungen von Inhalt, Figuren und Sprache muss die Frage stehen, warum der Autor des Stückes „seine“ Figuren so sprechen und handeln lässt.

- Die Szene verdeutlicht die negative Seite der Liebe: Ferdinands ungestüme Gefühlsäußerungen und sein Anspruch, das Schicksal der Liebenden zu bestimmen, führen dazu, dass er Luises Bedenken nicht respektiert oder vernünftig hinterfragt. Vielmehr ist Ferdinands im wahrsten Sinne des Wortes grenzenlose Liebe der Anfang der Katastrophe des Stückes, denn sie legt den Grundstein für Ferdinands späteren Rachefeldzug. Es ist der Anfang vom Ende ihrer Liebe und beider Leben.
- Weiterhin fällt auf, dass **Schiller die Szene nicht nutzt, um beide Figuren für ein Niederreißen der ständischen Grenzen plädieren zu lassen.** Denn Luise widersetzt sich Ferdinands Aufruhrplänen und gibt sich mit ihrem alten bürgerlichen Leben zufrieden.

Ferdinands unbändige Liebe als Voraussetzung für die Katastrophe

Luises Maßstab: rein gefühlsbeladenes Handeln führt nicht zum Ziel

- Schillers Aussage lässt sich an Luises Verhalten ablesen: Ein unüberlegter Versuch, die gesellschaftlichen Bedingungen zu verändern, muss scheitern, wenn die Handelnden sich allein durch provozierte Gefühle leiten lassen und dadurch zwar ihre eigene Freiheit verfolgen, die Freiheit und Wünsche anderer jedoch unberücksichtigt lassen. Für Ferdinand heiligt der Zweck die Mittel und allein Luise versucht, ihn zu bremsen.

III, 4 ist keine typische Szene für das Programm des Sturm und Drang

- Diese Ansichten, die Schiller durch seine Figuren vermittelt, können auf ihre Gültigkeit für die literaturgeschichtlichen Epoche des Sturm und Drang geprüft werden. Ein solcher Abgleich ergibt, dass diese Szene III, 4 nicht typisch für das Programm der Epoche ist. Ferdinand gibt sich zwar als ‚Stürmer und Dränger', der Konventionen niederreißen und die individuellen Züge des Menschen stärken möchte. Doch ist es genau das Verhalten des Stürmers und Drängers, welches in die Katastrophe führen wird.

5.2 Analyse eines Sachtextes (Kabale und Liebe als Drama der Aufklärung)

Rüdiger Zymner: Friedrich Schiller. Dramen. Berlin 2002. S. 59 f.

[…] „Louise – Louise – Ich komme", so sagt der sterbende Ferdinand mit brechender Stimme, und sterbend reicht er seinem Vater zur Vergebung die Hand. Es ist der ‚dritte Ort' Louises, zu dem Ferdinand zu kommen hofft, es ist Louises christliche Tugend, die zuletzt Ferdinands Handeln bestimmt. Der Tod der beiden Liebenden bestätigt, daß die Einschätzungen des Bürgermädchens, daß keine Erfüllung der Liebe zu einem Adligen in der Welt von „Kabale und Liebe" möglich sei, realistischer waren als die empfindsamen Träume des Präsidentensohnes Ferdinand – aber nicht nur, weil Hindernisse, die ihnen in den Weg gestellt wurden, zu hoch gewesen wären, sondern ebenso, ja mehr noch, weil Louise und Ferdinand nicht schon am ‚ersten' oder ‚zweiten Ort' in dieser Welt einfach nur Menschen zu sein vermochten, sondern immer auch der Sohn des Präsidenten von Walter und die Tochter des Stadtmusikus Miller blieben.

Schiller zeigt damit nicht zuletzt, daß die soziale Emanzipation, die hier an der individuellen Liebe in einer ständisch differenzierten Gesellschaft erprobt wird, scheitern kann, wenn die Aufklärer sich nicht über sich selbst aufklären, wenn sie sich nicht selbst transparent machen und sehen, daß und warum sie Bürger oder Höflinge bleiben, wenn sie schon meinen, Menschen zu sein, ja wenn sie nicht sehen, daß auch das, was als „Mensch" gelten soll, ein (mal idealistisches, mal materialistisches) Konstrukt ist. Immerhin ist das idealistische Konstrukt Louises und Ferdinands zugleich auch der Versuch eines individuellen statt eines ständischen Selbstentwurfs – ein Versuch, der scheitert, weil sich seine Protagonisten nicht von den materiellen und immateriellen Ketten der bürgerlichen Ordnung und der höfischen Welt befreien können.

Aufgabenstellung

1. Skizzieren Sie die Argumentation des Autors.
2. Erörtern Sie vor dem Hintergrund der Meinung Zymners, inwiefern Schiller im Drama KABALE UND LIEBE differenziert zu Positionen der Aufklärung Stellung bezieht, und belegen Sie dies mit geeigneten Textstellen.

Operatoren: „Skizzieren Sie", „Erörtern Sie"

Was wird erwartet? Hier ist die Auseinandersetzung mit einem modernen Sachtext gefordert, der das Drama KABALE UND LIEBE thematisiert.
Der Inhalt dieses Textes, dessen Argumentation Sie erläutern müssen (skizzieren), beschränkt sich nicht, wie in Aufgabe 5.1, auf eine Szene des Dramas, sondern verlangt von Ihnen eine eigenständige Überprüfung genau dieser Argumentation am gesamten Stück (erörtern). Zur ‚Beweisführung' sind Textstellen auszuwählen und ihr Zusammenhang mit dem Sachtext zu erläutern.

Skizzieren bedeutet: mit eigenen Worten kurz erläutern und mit Beispielen belegen

Verschiedene Gründe führen zum Scheitern von Luise und Ferdinand

Nicht äußere Umstände verursachen das Scheitern, sondern die Figuren selbst

Schillers Position ist hier zu erörtern

Mindestanforderungen

Der Ausgangspunkt von Zymners Argumentation in diesem Textausschnitt ist das Scheitern des Liebespaares. Ferdinand und Luise sterben am Schluss von KABALE UND LIEBE vergiftet am Boden von Millers Stube. Dieses Ende ihres Lebens ist gleichzeitig auch der Schlusspunkt ihres Scheiterns. Sie scheitern am Versuch, sich von den gesellschaftlichen Umständen zu lösen und ihre Liebe gegen diese zu behaupten. Beide haben sich bei diesem Versuch unterschiedlich standhaft gezeigt:

Während Luise bereits frühzeitig spürt, dass die Standesgrenzen zwischen Adel und Bürgertum ihre Beziehung zerstören könnten, gibt sich Ferdinand kämpferischer. Zymner spricht hier von „empfindsamen Träumen“, die dafür sorgten, dass Ferdinand und Luise davon abgelenkt wurden, die Bedingungen ihrer Umwelt wahrzunehmen. Nicht nur die vom Präsidenten und von Wurm gelenkte Kabale oder die Leidenschaft Lady Milfords sind der Grund des Scheiterns, sondern die Figuren selbst: Insbesondere Ferdinand überschätzt nach Zymner seine Fähigkeiten und unterschätzt die Gefahren, die außerhalb der Beziehung zu Luise lauern könnten.

Beide Aufklärer lassen sich zu sehr von Emotionen und Träumen leiten, statt einen ernsthaften Plan zur Problemlösung zu verfolgen. Daher sind sie erst am „dritten Ort“ – im Grab – vereint und nicht in der gesellschaftlichen Realität, in der für Utopien und echte Liebe kein Platz ist.

Aufgabe 2 fordert eine Erörterung über die Problemfrage, inwiefern Schiller differenzierte, d.h. zustimmende oder auch kritische Positionen gegenüber der Aufklärung in KABALE UND LIEBE verarbeitet.

Schiller brachte ein Stück auf die Bühne, das deutlich von aufklärerischen Ideen durchsetzt ist. Die Aufklärung forderte die Loslösung von Dogmen und Autoritäten. Sie wollte eigenständiges Denken fördern. Hierfür lässt sich Ferdinand als Beispiel nennen. Er löst sich vom strengen Vater und verfolgt allein eine Zukunft mit Luise. Dies kann am Beispiel des Gespräches zwischen ihm und dem Präsidenten festgemacht werden (I, 7). Nicht der Vater darf das Glück in Ferdinands Leben definieren: „Weil meine Begriffe von Größe und Glück nicht ganz die Ihrigen sind […].“

Ferdinand opponiert gegen die Aufklärung – ist aber kein Revolutionär

Eine andere, wenn auch recht zaghafte Form der Auflehnung gegen Autoritäten, stellt das Einschreiten Millers in der Szene II, 6 dar, als der Präsident Luise Millerin beschimpft. Miller weist den Präsidenten daraufhin, dass dieser sich als Gast in seiner Stube befinde und ein entsprechendes Verhalten zeigen solle.

Ferdinand trägt außerdem dazu bei, das absolutistische Herrschaftssystem zu kritisieren. Die Figur Ferdinand bietet sich auch an, um negative Auswirkungen der Aufklärung aufzuzeigen. Denn in seinem Bestreben, sich vom Vater und dessen Druck zu lösen, verliert Ferdinand die Fähigkeit, seine Handlungen genau abzuwägen. Er ist derart tief in seinen Befreiungskampf verstrickt, dass er seine Umwelt völlig aus dem Blick verliert und auch Luises Bedenken nicht mehr respektiert.

Als Beispiel kann hier das Gespräch zwischen Ferdinand und Luise dienen, an dessen Ende Ferdinand bereits den Verrat wittert (III, 4). Er ist nicht in der Lage, sich Grenzen zu setzen oder ihm fremde Positionen zu akzeptieren. Gerade dadurch wird Ferdinand besonders anfällig für die höfische Intrige.

Ferdinands Auflehnung hat sein Scheitern zur Folge

Darüber hinausgehende Anforderungen

Fachbegriffe aus dem Sachtext erläutern

In *Aufgabe 1* könnten Sie außerdem noch deutlicher auf die zweite Hälfte des Textes von Zymner eingehen. Dies erfordert eine nähere Erläuterung der Fachbegriffe, die Zymner verwendet.

Der Autor verdeutlicht das Scheitern Luises und Ferdinands nicht nur an der konkreten Handlung des Dramas, sondern zeigt auch, dass dieses Beispiel auf ein Problem des 18. Jahrhunderts bezogen werden kann: Die Aufklärer sehen sich als wahre Menschen und versuchen, ihre Positionen durchzusetzen.

Laut Zymner schießen die Aufklärer über ihr Ziel hinaus

Doch diese „soziale Emanzipation“ krankt daran, dass die Aufklärer einem Irrtum über das Wesen eines Menschen unterliegen. Dieser ist eben nicht nur Liebender bzw. Liebende, wie besonders Ferdinand sich sieht, sondern auch ein „Konstrukt“. Mit Konstrukt meint Zymner, dass jeder Mensch sich nicht nur durch seine individuellen Ideen und Träume (Idealismus) definieren kann, sondern immer auch durch soziale und politische Umstände (Materialismus) geprägt wird. Diese vielen verschiedenen Umstände „konstruieren“ am Schluss den ganzen Menschen. Zymner sieht das Scheitern von Luise und Ferdinand darin begründet, dass sie die idealistischen und materiellen Ketten, die zum „Konstrukt Mensch“ gehören, nicht erkennen und damit auch nicht sprengen können.

Die in *Aufgabe 2* geforderten Aspekte der Aufklärung können mit den Aussagen des Zymner-Textes verknüpft werden: Ferdinand und auch Miller betreiben mit ihrem Aufbegehren gegen Autoritäten das, was Zymner als „soziale Emanzipation“ bezeichnet.

Auch lässt sich ein weiteres positives Kriterium der Aufklärung in Kabale und Liebe wiederfinden: die menschliche Fähigkeit, der Veränderung zum Besseren. So sieht Ferdinand noch Veränderungsmöglichkeiten für sein Leben und entspricht damit der Forderung der Aufklärung, die nach einer Bildungsfähigkeit des Menschen strebte.

Diese Fähigkeit besitzt der Präsident nicht: „Schade nur, dass mein fünfzigjähriger Kopf zu zäh für das Lernen ist!"

Auch Lady Milford ist als positives Beispiel der Bildungsfähigkeit eines Menschen zu nennen. Im Gespräch mit Luise wandelt sie sich von der autoritären und herablassenden Adligen zu einer verständnisvollen Person, die die Perspektivlosigkeit und negativen Auswirkungen der fürstlichen Herrschaft erkennt und sich zum aktiven Handeln durchringen kann (IV, 7/8): „Unerträglich, dass sie mir das sagt! Unerträglicher, dass sie Recht hat", muss sie einsehen, als Luise ihr den Spiegel ihrer sinnlosen Existenz als reine Bettgespielin des Fürsten vorhält. Aus einem Leben des „weichen, leidenden Weibes" wird ein Neuanfang aus Großmut und Tugend.

Lady Milford ist bildungsfähig und macht eine Entwicklung durch

Vertiefend zu dem oben genannten Negativaspekt von Ferdinands Maßlosigkeit der Mittel und Ziele könnte auf die Französische Revolution hingewiesen werden. Auch diese begann mit hehren Zielen von „Freiheit, Gleichheit und Brüderlichkeit" und endete nach dem Tod des Königs in einem terrorähnlichen System der Bespitzelung und Vernichtung, weil die ursprünglichen Ziele aus dem Blick gerieten.

Die Französische Revolution verfolgte ebenfalls aufklärerische Ideen

5.3 Analyse weiterer Texte von Schiller (Bedeutung des Theaters damals und heute)

Text 1: Friedrich Schiller: DIE SCHAUBÜHNE ALS MORALISCHE ANSTALT BETRACHTET (1784) [Auszug]

Die Gerichtsbarkeit der Bühne fängt an, wo das Gebiet der weltlichen Gesetze sich endigt. Wenn die Gerechtigkeit für Gold verblindet und im Solde der Laster schwelgt, wenn die Frevel der Mächtigen ihrer Ohnmacht spotten und Menschenfurcht den Arm der Obrigkeit bindet, übernimmt die Schaubühne Schwert und Waage und reißt die Laster vor einen schrecklichen Richterstuhl. […] So gewiß sichtbare Darstellung mächtiger wirkt als toter Buchstabe und kalte Erzählung, so gewiß wirkt die Schaubühne tiefer und dauernder als Moral und Gesetze. Auch hier *unterstützt* sie die weltliche Gerechtigkeit nur – ihr ist noch ein weites Feld geöffnet. Tausend Laster, die jene ungestraft duldet, straft sie; tausend Tugenden, wovon jene schweigt, werden von der Bühne empfohlen. Hier begleitet sie die Weisheit und die Religion. Aus dieser reinen Quelle schöpft sie ihre Lehren und Muster und kleidet die strenge Pflicht in ein reizendes, lockendes Gewand. Mit welch herrlichen Empfindungen, Entschlüssen, Leidenschaften schwellt sie unsere Seele, welche göttlichen Ideale stellt sie uns zur Nacheiferung aus!

Text 2: Friedrich Schiller: Vorwort zum Drama Die Braut von Messina (1803) [Auszug]

Jeder Mensch zwar erwartet von den Künsten der Einbildungskraft eine gewisse Befreiung von den Schranken des Wirklichen, er will sich an dem Möglichen ergötzen und seiner Phantasie Raum geben. Der am wenigsten erwartet, will doch sein Geschäft, sein gemeines Leben, sein Individuum vergessen, er will sich in außerordentlichen Lagen fühlen, sich an den seltsamen Kombinationen des Zufalls weiden, er will, wenn er von ernsthafter Natur ist, die moralische Weltregierung, die er im wirklichen Leben vermißt, auf der Schaubühne finden. Aber er weiß selbst recht gut, daß er nur ein leeres Spiel treibt, daß er im eigentlichen Sinn sich nur an Träumen weidet, und wenn er von dem Schauplatz wieder in die wirkliche Welt zurück kehrt, so umgibt ihn diese wieder mit ihrer ganzen drückenden Enge, er ist ihr Raub wie vorher, denn sie selbst ist geblieben was sie war, und an ihm ist nichts verändert worden. Dadurch ist also nichts gewonnen als ein gefälliger Wahn des Augenblicks, der beim Erwachen verschwindet. [...] Die wahre Kunst aber hat es nicht bloß auf ein vorübergehendes Spiel abgesehen, es ist ihr Ernst damit, den Menschen nicht bloß in einen augenblicklichen Traum von Freiheit zu versetzen, sondern ihn wirklich und in der Tat frei zu *machen*, und dieses dadurch, daß sie eine Kraft in ihm weckt, übt und ausbildet, die sinnliche Welt, die sonst nur als ein roher Stoff auf uns lastet, als eine blinde Macht auf uns drückt, in eine objektive Ferne zu rücken, in ein freies Werk unsers Geistes zu verwandeln, und das Materielle durch Ideen zu beherrschen.

Aufgabenstellung

1. Geben Sie die Aussagen beider Schiller-Texte über die Aufgabe des Theaters wieder und vergleichen Sie diese.
2. Überprüfen Sie, inwiefern Sie die Ideen der beiden Texte hinsichtlich eines Theaterkonzeptes in KABALE UND LIEBE nachweisen können. Geben Sie entsprechende Textstellen an.
3. Beurteilen Sie, inwiefern Schillers Ideen für das heutige Theater noch bedeutend sind.

Operatoren: „Geben Sie wieder", „Überprüfen Sie", „Beurteilen Sie"

Von diesen Operatoren ist „Beurteilen Sie" der anspruchsvollste

Was wird erwartet? Dieser Aufgabenblock bezieht ebenfalls fremde Texte mit ein: Diesmal wird jedoch auf zeitgenössische Texte, also Texte aus dem späten 18. und frühen 19. Jahrhundert, zurückgegriffen. Neben der Wiedergabe der Textinhalte ist auch ein Vergleich beider Textinhalte gefordert. Im Anschluss daran ist wiederum die Verknüpfung zum Stück KABALE UND LIEBE zu leisten (überprüfen), denn die Kerngedanken beider Texte sollen am Dramentext nachgewiesen werden, indem passende Textstellen ausgewählt und zu den Texten in Beziehung gesetzt werden. In der dritten Aufgabe wird ein Transfer erwartet, nämlich die zuvor herausgearbeiteten Aussagen aus Schillers Texten auf moderne Theaterkonzepte zu beziehen (beurteilen) inklusive eigener Stellungnahme.

Mindestanforderungen

Schiller fragt, wozu das Theater dient

In Text 1 entwirft Schiller ein klares Aufgabenfeld für das Theater. Nicht nur zu Unterhaltungszwecken, sondern als eine Art Gericht soll die Theaterbühne wirken. Ihre „Gerichtsbarkeit" (also ihre Zuständigkeit für ein unrechtmäßiges Vergehen) fange an der Stelle an, an der die weltlichen Gesetze (also normale Gesetze eines Staates) nicht mehr greifen. Das Theater könne die Verbrechen mächtiger Herrscher vor einen Richterstuhl schleifen. Der Vorteil des Theaters liege in der lebendigen Darstellung des Geschehens, das sich von den „toten Buchstaben" einfacher Texte unterscheide.

Doch soll die Bühne nicht nur richten, sondern auch belehren: Das Theaterspiel könne dem Menschen Tugenden (= „moralische Pflichten") für das eigene Leben empfehlen. Der Zuschauer sei gerade im Theater für derartige Empfehlungen erreichbar, da das Spiel auf der Bühne seine Gefühle und Hoffnungen anspreche, was Schiller als „reizendes lockendes Gewand" des Spiels auf der Bühne bezeichnet.

Text 2 setzt bei der Erwartungshaltung des Zuschauers an: Dieser besuche ein Theater, weil er die Wirklichkeit seines Lebens kurz abstreifen und „seiner Phantasie Raum geben" möchte. Auch erhoffe er sich von der Bühne die „moralische Weltregierung", also eine gespielte Handlung, in der das moralisch Richtige das Schlechte besiegt – was in der Realität kaum vorkommt. Doch bemerke der Zuschauer, dass es sich lediglich um ein Spiel und um Träume handele: Am Ende der Vorstellung „ist an ihm nichts verändert" worden.

Schiller ist überzeugt, das Theater habe eine gesellschaftliche Aufgabe

Schiller kommt zu dem Schluss, das Theater müsse mehr leisten als „ein vorübergehendes Spiel". Nicht der Traum von Freiheit, sondern die Freiheit selbst ist das Ziel des Theaters. Es gewinnt einen Zugang zum Geist des Menschen und schafft es damit, den Menschen von Belastungen zu befreien – also „das Materielle durch Ideen zu beherrschen."

Daneben sollen in *Aufgabe 1* die Aussagen der beiden Schiller-Texte 1 und 2 dargestellt werden. Hierzu sind Gemeinsamkeiten und Unterschiede in den beiden Texten herauszuarbeiten:

Gemeinsamkeiten	Unterschiede
■ Das Theater ist kein Selbstzweck, sondern orientiert seine Ausrichtung am Zuschauer.	■ Während Text 1 die Verlockungen des Theaters durch den Einsatz von Reizen in den Vordergrund stellt, wird dies in Text 2 nur als „leeres Spiel" bezeichnet.
■ Das Theater soll unterhalten *und* nützlich sein.	■ Diese Art von Theater unterhält nur, hat aber keinen tiefer gehenden Sinn, der eine dauerhafte Veränderung des Menschen möglich machen kann.
■ Das Theater ist eine besondere Kunstform mit außergewöhnlichen ästhetischen Fähigkeiten.	■ Text 1 vertritt die These, dass das Theater in erster Linie eine Richterfunktion übernimmt, durch die es mit „Schwert und Waage" über menschliche Laster auf der Bühne richtet.
■ Die Bühne soll eine moralische Funktion haben und eine Verbesserung des Zuschauers bewirken.	■ Der Mensch soll nicht nur, wie Text 1 fordert, beispielhafte Tugenden vorgespielt bekommen, die er befolgen kann, hier geht Text 2 einen Schritt weiter: Er zielt auf den Geist des Menschen ab, durch den eine Kraft entwickelt werden soll, die den Menschen frei von äußeren Einflüssen macht.

Aufgabe 2 erfordert eine Überprüfung von KABALE UND LIEBE auf eventuelle Parallelen zu den beiden Theater-Texten von Schiller von 1784 und 1803.

Zwischen Kabale und Liebe und der sogenannten Schaubühnenrede von 1784 (Text 1) gibt es folgende Überschneidungen:

- Kabale und Liebe thematisiert die „Frevel der Mächtigen“: Die menschenverachtende Politik des Fürsten und des Präsidenten wird in unterschiedlichen Szenen kritisiert (z. B. I, 7/II,1).

Diskrepanz zwischen Theaterbühne und Wirklichkeit

- Dabei endet dieses Stück mit der von Schiller beschworenen Gerechtigkeit, die gerade das Theater und keine Gesetze durchsetzen kann: Die Urheber der Kabale – Präsident Walter und Wurm – werden von Gerichtsdienern abgeführt. Diese Gerechtigkeit wird nur im Drama erreicht, während sie in der Wirklichkeit des Publikums im 18. Jahrhundert auf sich warten lässt.

Die von Schiller geforderte Gerechtigkeit auf der Bühne findet in der Realität nicht statt.

- Auch greift Schiller auf „ein reizendes lockendes Gewand“ zurück. Dem Zuschauer wird die ernsthafte Botschaft des Stückes durch ein vielfältig und spannend gestaltetes Geschehen aus Kabalen, Liebe, Politik und Gewalt in einer anregenden Verpackung präsentiert (z. B. II, 7/V, 8).

Die Überschneidungen zwischen Kabale und Liebe und Text 2 aus dem Jahr 1803 sind deutlich geringer:

- Der von Schiller beanspruchte freie Mensch lässt sich am ehesten in Lady Milford erkennen. Sie steht beispielhaft für die Freiheit von materiellen Werten, die Schiller einfordert: Sie lehnt ein weiteres Leben im Reichtum am Hof ab und opfert es zugunsten eines Lebens, das vom Ideal der Tugend geprägt ist (IV, 8).

Die Figur der Luise vermittelt sehr stark Schillers Ideen

- Luise ist die Figur des Stückes, die gerade durch ihre Besinnung auf die Pflicht des „Bleibens und Duldens“ wie ein Prototyp für das ideale Dramengeschehen nach Schiller wirkt (III, 4). Sie lässt sich nicht durch die materiellen Verlockungen, die ihr Ferdinand und später Lady Milford in Aussicht stellen, irritieren, sondern besinnt sich und wählt ein anderes Ideal – das Ideal des Verzichts und damit der Konfliktfreiheit.

Aufgabe 3 erfordert eine Bewertung des Theaterkonzeptes von Schiller vor dem Hintergrund der Frage, inwiefern eine mehr als 200 Jahre alte Idee vom Theater auch heute noch aktuell und damit für Theaterregisseure von Belang sein könnte. Hier ist keine standardisierte Bewertung möglich, sondern eine persönliche.

Eine Musterlösung, die Ihnen die Bewertungsarbeit abnimmt, kann hier nicht geliefert werden – lediglich ein paar Gedankenanstöße werden nachfolgend skizziert.

Schillers Gedanken, der Zuschauer werde gerade durch seine Gefühle und damit von einer aufwändigen oder bildgewaltigen Inszenierung eines Stückes angesprochen, ist sicherlich auch heute noch zuzustimmen. Auch die Grundkonzeption des bürgerlichen Trauerspiels, das den Zuschauer durch emotionale und soziale Konflikte auf der Bühne zu beeindrucken versucht, leuchtet auch im 21. Jahrhundert noch ein.

Eine individuelle Lösung der Aufgabe ist hier gefragt

Im Hinblick auf Text 2 könnten Sie außerdem auf die Absicht Schillers eingehen, den menschlichen Verstand mit dem Theaterspiel zu erreichen. Nicht nur das Herz, sondern auch der Kopf des Zuschauers wird angesprochen. Er soll sich durch das Theaterspiel über die Bedingungen seines eigenen Lebens bewusst werden, ganz wie es die Aufklärer des 18. Jahrhundert forderten, und daraus entsprechende Konsequenzen ziehen.

Die Rolle des Theaters heute

Kritisch zu hinterfragen wäre, inwiefern es heute wirklich realistisch ist, davon auszugehen, dass das Theater eine derart bedeutende und verändernde Rolle in der Gesellschaft spielen kann. Das Angebot neben dem Theater ist derart vielfältig, dass die Bühne es immer schwerer hat, sich gegen die Konkurrenz zu behaupten. Auch könnte gefragt werden, ob ein Blick über den ‚Tellerrand des Wohlstandes' in Mitteleuropa hinaus die Idee von Schiller, nach der der Mensch im Theater seine persönliche Freiheit erreichen kann, zu neuen Einsichten führt.

- Ist diese Idee für die Bevölkerung von Entwicklungsländern in Afrika oder Lateinamerika realistisch?
- Lässt sich die Bevölkerung eines diktatorisch regierten Landes wie Nordkorea durch das Theater befreien?
- Wäre dies dann nicht auch eine Lösung für die Unterdrückten der NS-Diktatur gewesen?

Darüber hinausgehende Anforderungen

Gerade bei den Unterschieden zwischen beiden Texten in *Aufgabe 1* können Sie genauer auf das Konzept, das Schiller mit dem Theater verfolgt, eingehen: Der 20 Jahre später und zwei Jahre vor Schillers Tod entstandene Text 2 zeigt eine Entwicklung seines Autors – auch durch die Französische Revolution von 1789 bedingt. Steht in Text 1 das Spiel mit den Gefühlen des Zuschauers im Mittelpunkt, so will Schiller in Text 2 eine Bildung des menschlichen Geistes erreichen.

Schillers Entwicklung von seinen frühen Stücken bis zu seinem Spätwerk

Der „rohe Stoff", der den menschlichen Alltag beeinflusst, soll durch Ideen, die das Theater im Menschen weckt, verändert werden. Schiller gibt sich als Anhänger des Idealismus zu erkennen, der den Menschen dazu bringen will, allein durch Ideen das Materielle beherrschen zu können.

Bei der Überprüfung des Stückes in *Aufgabe 2* kann darauf verwiesen werden, dass die Schaubühnen-Rede im selben Jahr wie KABALE UND LIEBE entstand. Die größeren Schnittmengen des Stückes mit diesem Text sind also nicht verwunderlich. Hieraus kann der Schluss gezogen werden, dass der junge Schiller, der knapp 25-jährig mit KABALE UND LIEBE sein drittes Drama auf die Bühne brachte, sehr

Verbindung zwischen KABALE UND LIEBE und der Schaubühnen-Rede viel enthusiastischer gestimmt war als beim Schreiben seiner Dramen. Die Zuschauer sollten besonders durch eine effektvolle Inszenierung ergriffen werden.

Die Überschneidungen zwischen bürgerlichem Trauerspiel und Schaubühnenrede können von dem deutlich reifer und überlegter wirkenden Schiller des Jahres 1803 mit einer fortschreitenden Entwicklung des Autors erklärt werden.

Der Bezug zum epischen Theater als modernes Theaterkonzept bietet sich an

Bei der Bearbeitung von *Aufgabe 3* und der Frage nach der Aktualität von Schillers Theateridee für die heutige Zeit können Sie neben einer Abwägung im Sinne der Pro- und Contra-Methode (oder These-/Gegenthese-Methode) auch auf modernere Theaterkonzepte des 20. Jahrhunderts eingehen. Als prominente Alternative zu Schillers Theateridee gelten die Vorstellungen Bertolt Brechts zum ‚epischen Theater'.

Brecht bricht den klassischen Aufbau des Dramas nach Freytag auf und ersetzt ihn durch eine lockere Aneinanderreihung von Szenen. Zwischen diesen Szenen werden immer wieder kommentierende oder informierende Einschübe vorgenommen. So wird im Brecht-Drama LEBEN DES GALILEI zwischen zwei Szenen ein Auszug aus einem wissenschaftlichen Buch Galileo Galileis verlesen. Brechts Theaterform versucht ganz bewusst, eine Distanz zwischen dem Geschehen auf der Bühne und dem Zuschauer zu schaffen. Auf dieses Konzept könnten Sie bei der Beurteilung von Schillers Theateridee verweisen.

5.4 Freie Erörterungsaufgabe zu KABALE UND LIEBE

Aufgabenstellung

KABALE UND LIEBE – ein Stück mit politischer Sprengkraft? Erörtern Sie diese Frage und geben Sie entsprechende Textstellen an.

Hier ist eine zweigliedrige Erörterung gemeint

Operatoren: „Erörtern Sie"

Was wird erwartet? Diese Aufgabe verzichtet auf jegliche Textvorlage und verlangt sicherlich die größte eigenständige Leistung von Ihnen. Es handelt sich um die Erörterung einer Problemfrage.
Gefordert sind zunächst ausführliche Vorarbeiten, denn zunächst sollen Sie Textstellen sammeln, die es ermöglichen, die Frage ausgewogen zu erörtern.
Im Anschluss daran sind dann Textbelege anzuführen, die diese Frage diskutieren. Die Bearbeitung der Aufgabe schließt mit einer eigenen Stellungnahme zu der Problemfrage.

Mindestanforderungen

Bei dieser Aufgabe, die nicht an eine konkrete Textstelle gebunden ist, sollte die Erörterung im These-und-Gegenthese-Verfahren erfolgen.

Für die These, es handele sich bei KABALE UND LIEBE um ein Stück mit einer handfesten politischen Botschaft, sprechen einige Aspekte:

- Im Gespräch zwischen Lady Milford und dem Kammerdiener wird der Verkauf von Menschen in die USA kritisiert (II, 2). Die Kritik dieser Praxis steht stellvertretend für eine Kritik absolutistischer Herrschaftsformen, die keinen festgelegten Regeln folgt und nur der Willkür einzelner Herrscher unterliegt.
- Die Einfädelung der Kabale durch Wurm und den Präsidenten offenbart, wie weit sich der Hof und die an

ihm lebenden Personen vom einfachen Bürgertum entfernt haben (III, 1). Als Beispiel dient hier der Präsident, der nicht in der Lage ist, allein eine Intrige zu spinnen, und hierfür auf die Hilfe seines Sekretärs zurückgreifen muss. Der Präsident kennt nicht die Lebensweise der außerhöfischen Welt. So kann er sich kaum vorstellen, dass allein ein Eid Luise zum Schweigen bringen zwingen kann, da ein derartiges Versprechen am Hof kaum Aussichten auf Erfolg hätte.

Argumente *für* die These, dass KABALE UND LIEBE ein politisches Stück ist

- Regelmäßig wird der fürstliche Hof als System hinterhältiger und gefühlskalter Intrigen dargestellt. Der Hof als politisches Herrschaftszentrum wird als ein Ort charakterisiert, an dem rein menschliche Werte keinen Platz haben und allein das Kalkül größerer und kleinerer Machtspiele zählt. Als Beispiel kann erneut Lady Milford dienen, die Höflinge „die sich entsetzen, wenn mir ein warmes herzliches Wort entwischt“ (II, 1), kritisiert.
- Wiederum eignet sich Lady Milford, um die fehlende Menschlichkeit am Hof zu demonstrieren. Der Fürst reagiert auf ihr familiäres Schicksal und ihre einsame Flucht zwar mit dem Angebot, ihr Asyl zu gewähren, erwartet im Gegenzug allerdings, dass sie ihm ihre Liebesdienste zur Verfügung steht (II, 3).

Doch sprechen auch Gründe *gegen* die These des politischen Stücks:

Die Liebesbeziehung steht bei KABALE UND LIEBE im Vordergrund, nicht die Politik

- Zentraler Gegenstand des Dramas ist nicht ein politischer Vorgang, sondern die Liebesbeziehung zweier Menschen, die durch ihre Herkunft erschwert und am Ende verhindert wird.
- Häufig spielt nicht die Politik eine hemmende Rolle. Vielmehr verhindert gerade die Religiosität eine Konfliktlösung: Luise verzweifelt an den Intrigen und

glaubt, erst im Jenseits mit Ferdinand zusammenkommen zu können (V, 1). Auch das Denken der Eltern Miller ist von starren christlichen Grundsätze geprägt.

Darüber hinausgehende Anforderungen

Seine politische Kritik äußert Schiller im Stück nur indirekt

Die Frage, ob es sich bei KABALE UND LIEBE um ein politisches Stück handelt, ist nur schwer eindeutig zu beantworten, denn Schiller versteht es, handfeste politische Botschaften in eine Liebes- und Intrigengeschichte einzustreuen.

Die verschiedenen Ereignisse in Schillers Biografie, in der immer wieder Auseinandersetzungen mit den politischen Zuständen seiner Zeit auffallen, sprechen *für* ein politisches Stück. Hierfür steht auch der historische Rahmen (der Kontext), in dem das Stück entstanden ist.

Bereits 1784, also fünf Jahre vor der Französischen Revolution, sehen sich die europäischen absolutistischen Herrscher durch die Ideen der Aufklärung deutlich unter Druck gesetzt. Gerade die Literatur wurde als Vermittler für deutlich wahrnehmbare politische Kritik genutzt.

Schillers politische Haltung ist nicht radikal

Auch lässt das Stück KABALE UND LIEBE Rückschlüsse auf Schillers politische Haltung zu: Zwar werden der willkürlich regierende Hof und der machtfixierte Adel deutlich kritisiert, doch stellt Schiller ihnen kein leuchtendes Gegenbeispiel als Alternative gegenüber. Auch das auf wirtschaftliche Interessen und Traditionen schielende Bürgertum wird kritisiert. **Schiller sympathisiert also nicht mit einem politischen Umsturz – einer Revolution – sondern plädiert für eine Veränderung des bestehenden Systems.** Trotz aller Unterschiede, die diese ständische Gesellschaft festigt, scheint sie Schillers Ideal zu sein – allerdings eine mit deutlich menschlicheren Zügen und mehr Rechten auf Individualität und geistige Freiheit.

6 Tipps zum Weiterlesen

Bücher

Allkemper, Alo und Eke, Norbert Otto:
Literaturwissenschaft. Fink: Paderborn 2004

Dieses Buch bietet eine Einführung in zahlreiche Grundbegriffe, die bei der Beschäftigung mit Literatur wichtig sein können. Außerdem beinhaltet der Band einen ausführlichen Überblick über die einzelnen Epochen der Literaturgeschichte.

Alt, Peter-André:
Friedrich Schiller. C.H. Beck: München 2004

Eine knappe, gut lesbare Einführung in das Leben und die Werke Friedrich Schillers. Es berücksichtigt unterschiedliche Formen von Schillers Werken und geht auch auf die theoretischen Schriften Schillers ein.

Borries, Erika und Ernst von:
Deutsche Literaturgeschichte: Band 2: Aufklärung und Empfindsamkeit, Sturm und Drang. München: 5. Auflage 2003

Ein leicht verständlicher Überblick über den literaturgeschichtlichen Hintergrund von KABALE UND LIEBE

Oellers, Norbert:
Schiller. Elend der Geschichte, Glanz der Kunst. Reclam: Stuttgart: 2. Auflage 2005

Der Autor unterteilt sein anspruchsvolles Buch in sechs Bereiche: Neben der Biografie Schillers, den Dramen, Gedichten und Erzählliteratur behandelt er auch philosophische und historische Schriften.

Pilling, Claudia/Schilling, Diana/Springer, Mirjam:
Friedrich Schiller. Reinbek: 4. Auflage 2006

Aus der bekannten Reihe ROROROMONOGRAPHIEN stammt dieses schmale Buch, das einen Querschnitt über Schillers Gesamtwerk bietet.

Struck, Hans-Erich:
Kabale und Liebe. Oldenbourg Interpretation, Band 44.
München: 2. Aufl. 1988, Nachdruck 2006

Diese ausführliche Interpretation des Dramas bietet eine Ergänzung zu diesem Textnavigator. Die Themen Geschichte, Kabale, Liebe und die Dramenform werden ausführlich behandelt.

Internet

Auch das Internet stellt eine wahre Fundgrube dar: Allerdings ist die Qualität der Informationen äußerst unterschiedlich und jeweils kritisch zu bewerten. Hier ein paar seriöse Links (Stand Juli 2008):

http://gutenberg.spiegel.de

Das Projekt Gutenberg.de beinhaltet eine ungeheure Zahl an literarischen Texten nahezu aller bekannten Autoren.

www.schillerjahr2005.de

Eines der großen Schillerportale, initiiert im Jahr 2005, dem 200. Todesjahr von Schiller.

Deutsche Schillergesellschaft e.V.

Diese Adresse ist über Suchmaschinen zu recherchieren.

Filme (zu beziehen z. B. über amazon.de oder www.jpc.de)

Schiller – Leben und Leiden eines Jahrhundert-Genies (mit Matthias Schweighöfer, Teresa Weißbach, Robert Dölle, Ulrich Noethen, Regie: Martin Weinhart, BRD 2005, 89 Min.)

Der Film fokussiert seine Handlung auf Schillers turbulente Jahre 1782–1785 (beginnt mit der legendären Aufführung der RÄUBER im Jahr 1782 und endet mit Schillers Abreise nach Leipzig 1785). Anschaulich vermittelt die Verfilmung das exzessive Dasein Schillers und den Pulsschlag der Epoche.

Kabale und Liebe (mit Katja Flint, Götz George, Katharina Thalbach, Detlev Buck, Regie: Leander Haussmann, BRD 2005, 100 Min.)

Besonders Götz George als Präsident und Katja Flint als Lady Milford sind die ideale Besetzung in dieser gelungenen deutschen Verfilmung des bekannten Theaterregisseurs Leander Haußmann, der jedoch den Originalschluss des Dramas stark veränderte.

Bildquellenverzeichnis

Seite 7: picture-alliance/dpa
Seite 8: ullstein bild
Seite 10: bpk
Seite 22: akg-images
Seite 23: Studienkreis – Die Nachhilfe-Profis www.nachhilfe.de
Seite 33: akg-images/Joseph Martin
Seite 44: bpk

Trotz entsprechender Bemühungen ist es nicht in allen Fällen gelungen, den Rechteinhaber ausfindig zu machen. Gegen Nachweis der Rechte zahlt der Verlag für die Abdruckerlaubnis die gesetzlich geschuldete Vergütung.